望を信じる力」をつくる
た1つの習慣

植西 聰

青春新書
PLAYBOOKS

〝ブレない自信〟が1つでもあれば、これからも幸せに生きていけます

はじめに

9・11テロの追悼集会で、当時のニューヨーク市長のジュリアーニ氏は次のようなスピーチをしました。

「ニューヨークは、元に戻らないという人がいます。確かに、その通りです。なぜなら…、ニューヨークは、もっと良い街になるからです」

この一言を聞いて、それまで涙に暮れていたその場にいた人々の顔が、一瞬で変わりました。

「どうしてこんなことになってしまったのだろうか…」

「犯人が憎い！　同じ苦しみを相手にも味わわせてやりたい！」

「あの日、あの場所にさえ出かけていなければ…」

そんなふうに、悲しみや怒りや後悔で胸がいっぱいだった参加者の心に、ジュリアーノ氏の言葉が希望を与えたからです。

希望のない人生には、生きている楽しみがありません。

希望に溢《あふ》れた人にとって、人生はたくさんのドキドキやワクワクを体験できるステージです。しかし、同じ人生も、希望を失った人にとっては、時間がむなしく過ぎ去るだけの干《ひ》からびた砂漠になります。

人生には、悔《く》やんでも悔やみきれないこと、いくら怒っても腹の虫が収まらないこと、一生分の涙を流しても忘れられないことが、訪れることがあります。

そんなときは、泣いてもいい、怒ってもいい、くやしがってもいい。

心に生まれた感情を、思い切り感じて、眠れない夜を過ごしたっていいのです。それが、「心」というものを持つ人間の自然な姿だからです。

しかし、そんな状態が随分と長い間続いているようだと、少し心配です。

そのままでは、心から「希望」は失われ、たった一度の人生が、暗く冷たいものになってしまうからです。

どんなことがあっても、人はまた立ち上がれます。

そのためのヒントとして、この本が参考になれば幸いです。

「希望を信じる力」をつくる　たった1つの習慣　目次

2章 自分で〝プラスの流れ〟をつくれる人のちょっとした違い 33

3章

心の中の〝マイナスエネルギーのモト〟を捨てる方法

5章 〝小さな目標をクリアする〟という近道を進もう

6章 ブレない希望は〝謙虚な自信〟が集まってできている 127

カバー写真　アフロ

1章

〝明るい未来〟は、もう来ない？

〝希望〟と心のエネルギーの〝引き寄せの関係〟

悲しいことがあっても、そこに希望があれば、私たちはまた、立ち直ることができます。

例えば、資格試験に落ちてしまったとき、「半年後にまた同じ試験があるから、次こそ受かるようにがんばろう」と考えられる状況にあれば、そのうち気持ちは切り替わるものです。


問題は、取り返しがつかないときです。

同じ資格試験でも、受験に年齢制限があり、「今年が最後のチャンス」というときに失敗してしまった場合はどうでしょう。

「半年後にまた受けられる」というときに比べて、心の傷は深くなります。

そして、そういうときに限って、さらにショックなことが起きたりします。

ことわざでいう「泣きっ面に蜂《はち》」の状態です。

落ち込んでいる時、さらにつらくなるような出来事が起こるのは、心のエネルギーが関係しています。

簡単に説明しましょう。

心にはプラスのエネルギーとマイナスのエネルギーというものがあり、**プラスのエネルギーが多いとき、その人の周りにはプラスの出来事が引き寄せられます。反対に、マイナスのエネルギーが多いときは、マイナスの出来事が引き寄せられてきます。**

「もうダメだ」というような暗い気持ちが強くなれば、心にはマイナスのエネルギーが増えて、マイナスの出来事を引き寄せやすくなってしまうということです。

この「マイナスのスパイラル」に入ってしまうと、どんどんつらいことが増えて、希望を感じにくくなってしまいます。

つらいことが続けて起きるのには、こんな理由があるのです。

プラスとマイナス、どちらのエネルギーがたまっているか

心の中のエネルギーの状態によって、未来が決まると述べました。

希望が持てないとき、その人の心はマイナスのエネルギーで一杯になっています。悲しいことですが、そのままの状態でいれば、その人の未来は暗くなる一方です。

ここで、プラスのエネルギーを生む感情とマイナスのエネルギーを生む感情について説明します。

プラスの感情というのは、「うれしい」「楽しい」「好き」といったような、喜怒哀楽でいうところの「喜びと楽しさ」に代表される、明るい気持ちになるような感情です。

一方、マイナスの感情は、「怒りと悲しさ」に代表される感情です。

「イライラする」、「ムッとする」というのは怒りの一種ですし、後悔や絶望の感情は、悲しさの一種です。

このような感情は、**生まれては消えていく一時的なもののように思われますが、決してそうではありません。**

すでに述べたように、感情というのは、**プラス、マイナスどちらの感情もエネルギーとなり、毎日、心の中に蓄積されていく性質を持っているのです。**

そして、蓄積されたそれぞれのエネルギーの大きさによって、それに見合った出来事を引き寄せるのです。

心にプラスのエネルギーがたまっている人には、うれしいことやツイていることといった、プラスの出来事がやってきます。

一方、マイナスのエネルギーが多くたまっている人には、悲しいことやイライラする出来事がやってくるのです。

「希望を持つ」という感情はもちろん、プラスの感情です。

「希望が持てない」「希望がつくりだせない」と悩んでいるということは、心の中にマイナスの感情がたまっているということになります。

いまマイナスでも自分を責めない

自分の心の中のエネルギーがマイナスになっていると、マイナスの出来事を引き寄せるということとは、理解していただけたでしょうか？

ここまで読んで、

「わかりました。結局、全部自分のせいということですね」

「人のせいにしても解決しないということですね」

といった感想を持つ方がいるかもしれません。

中には、

「誰のせいにもしないで、もっとがんばれということですか？」

「でも、今までだってがんばってきたんだから、もうがんばれません」

と悲しい気持ちになる人もいるでしょう。

しかし、私は、

「苦しいことが起こるのは、自分のせいです。自業自得なんですよ」といって、**読者の皆さんを責めるために、この本を書いたのではありません。**

私が伝えたいのは、

「自分の心のエネルギーの状態が身のまわりに起きる現象を作っているのだから、今がどんなに苦しくても、自分次第で、未来を明るく変えていくことができる」ということです。

思いもよらないアクシデントや、自分の生い立ちや、親の経済状況や、入った会社の規模や、配属された先の上司など、**自分ではどうにもならない様々な要因によって、自分の幸福度が左右されている、**と考えている人は多いと思います。

しかし、それは間違いです。自分の未来の設計図を描くのは、両親でも恋人でも、会社の上司でもなく、自分自身です。

人生はしばしば、航海にたとえられます。

大きな波は人を苦しめる逆境です。その波に溺《おぼ》れてしまうか、泳ぎ切って希望の島を目指すかは、その人自身が決めることです。

「苦しくても泳ぎ切る」と決めた先には、希望の島が見えてきます。

「今しんどいから将来も大変」は本当？

私は心理カウンセラーとして、これまで多くの人の悩み事を聞いてきました。

その中には、いろいろな人がいました。

「不景気だからこの先、給料は減っていくだろう。だから、未来には何の希望も持てない」と落ち込んでいる人は、日本の経済状況や、会社の売上などによって、自分の人生が大きく左右されると思い込んでいました。

「私は美人じゃないから結婚できないだろう。それに、実家も貧しくて頼れないから、老後は苦労することになるかもしれない」と将来を不安に思っている人は、自分の容姿や、実家の経済状況で、自分の未来が決まってしまうと信じていました。

しかし、彼らは、誤解をしています。

暗い顔をしている人はたいていい、「自分は今、こんなに苦しい毎日を送っている。だから、未来もきっと暗い」と勝手に思い込んでいるのですが、それは正しくないのです。

繰り返しますが、今現在、未来のことは、まったく決まっていないのです。

未来は白紙なのです。


目が見えず、耳が聞こえず、話すこともできなかったヘレン・ケラーの話をしましょう。

幼いころの彼女は、自分の運命を呪ったこともあったはずです。

ところが、晩年、講演で世界中をまわった彼女は、いつも「私の人生は幸せでした」と語っていました。

常識で考えれば、人よりもハンディの多い彼女の人生は苦しく、つらいものになるはずです。しかし、そんなことはなかったのです。

それは、ヘレン・ケラーが自分の未来への希望を捨てず、心にプラスのエネルギーを増やし続けたからなしえた結果といえるでしょう。

心がプラスのエネルギーで満ちていれば、どんな困難な状況も希望に変わるのです。

勝手な思い込みで下を向いていませんか？

事実ではない勝手な思い込みで、心にマイナスのエネルギーを増やすのは、とてももったいないことです。

「一流大学を出ていなければ、出世できないのか」
「女だから、結婚したら仕事を辞めなければいけないのか」
「ガンの家系だから、自分も長生きできないのか」
といった具合です。

しかし、**思い込みというのは、自分が勝手につくったモノサシでしかありません。**

無名の大学の出身者でも、高校しか出ていなくても、出世している人は世の中にたくさんいます。

結婚して、出産してからも働いている女性だって、数多くいます。

親戚にガンの人が多くても、長生きしている人はたくさんいます。

「絶対にこうなる」と決まっている未来なんて、ないのです。

それなのに、**「今がこうだから、こうなるに違いない」「あの人はきっとそうだろう」などという思い込みだけで、全てを判断して、あげく、心をマイナスのエネルギーで一杯にしているのは、自分の未来を暗くするだけです。**

自分が不要な思い込みを持っていると思った場合は、まずはそのことを自覚しましょう。

それができたら、不安を感じたときに、勝手に結論を決めて落ち込むのではなく、「この先がどうなるかは、自分の考え方次第」ということを思い出してください。

自転車は、漕ぎ出す瞬間が最もペダルが重く感じます。

長く続いていた思い込みを捨てて、新しい習慣を取り入れることは、大変かもしれません。しかし、それは最初の数週間だけです。

未来は、まだ決まっていないのです。

どうせなら、**暗い未来予想図ではなく、明るい予想図を描きましょう。**

「誰かに幸せにしてもらう」よりずっとカンタンなヒント

「私は将来、幸せになれるでしょうか？」

という質問を受けることがあります。

そう聞かれると、私は困ってしまいます。

なぜなら、その人が幸せになれるかどうかは、まだ今の時点では決まっていないからです。

読者のみなさんはもうおわかりだと思いますが、相談者が将来、幸せになるかどうかは、その人がこの先、どう生きるかにかかっています。

どんな逆境にあっても、人のせいにせず、「この程度ですんでよかった」と考え、心にプラスのエネルギーを増やす生活をすれば、プラスの出来事がどんどん引き寄せられて、たくさんの願いが叶う人生になるでしょう。

反対に、「もうダメだ」「私なんて幸せになれない」「また、あの人のせいでうまくいかない」というように、心をマイナスのエネルギーで一杯にするような考え方をしていれば、幸せになることは難しいかもしれません。

未来はこれから作られるのですから、私から、

「あなたは幸せになれますよ」

「残念ながら、苦労の多い人生になるでしょう」

というような予言はできないのです。

私が言えることは、

「あなたが今から、自分の心にプラスのエネルギーをためる生活をするように心がければ、幸せになれますよ」ということです。

ここで大切なのは、自分から心をプラスのエネルギーで満たすための行動を始めるということです。

「何かいいことが起きないかなあ」と受け身でいる人の将来は、今とあまり変わらないかもしれません。

将来の自分の人生がどうなるかを決めるのは、今からの自分なのです。

たいして大事でないことにこだわってしまう理由

前の項目で、幸せになれるかどうかは、これからの自分の心の状態が決めると述べました。

それともうひとつ、大切なことがあります。

それは、**自分にとっての幸せとは何かを、知っておく**ということです。

「私は幸せになれるでしょうか？」と質問する人に、

「その前に、あなたにとっての幸せとは、なんですか？」と聞くと、黙ってしまう人が多いことに、私はいつも驚きます。

幸せの形は、人それぞれです。

好きな人と結婚して、子供をもうけることが幸せという人もいれば、自分の得意なことを仕事にして食べていければ、それで幸せという人もいます。

何が幸せかは、人それぞれによって違うので、はたから見て、「あの人はいいなあ。幸せだろうなあ」と思われている人でも、本人はそう思っていないということも珍しくありません。

ある女性は、「自分の幸せってなんだろう」と、あるときじっくりと考えてみました。すると、「自分と家族が健康に暮らせていたら、十分に幸せ」という結論が出ました。

それまでの彼女は、「年に一回以上、ヨーロッパ旅行に行けるくらいのお金があって、友達に自慢できるような彼氏がいて、みんなにうらやましいと思われるような生活をすること」が幸せだと思っていました。

しかし、あらためて考えると、そんなものはたいして重要ではないと思ったのです。

自分の幸せとはなにかに気付いてから、それまでは不満で一杯だった彼女の心にプラスのエネルギーがどんどん増え始めました。

なぜなら、「自分はすでに幸せである」と気付き、胸にたくさんの希望がわいてきたからです。

どんな状況でも〝プラスの貯金〟はスタートできる

希望を失った時は、「何もしたくない」と思ってしまうものです。

しかし、**「まかぬ種は生《は》えぬ」**ということわざもあるように、何もしなければ、何も生まれません。

例えば、自分の不誠実が原因で、大切な人の信用を失ってしまったとき…。

「どうしてあのとき、いい加減なことを言ってしまったんだろう」

と後悔しても、何も問題は解決しません。

そういうとき、人は過ぎ去ったことはもう戻らないという事実をかみしめながら、自分を責めて暮らすことになります。

しかし、そんなときも顔を上げるしかありません。

過去の自分が悪いことをしたとしても、反省してやり直す気持ちがあるなら、誰に何を言われても、前に踏み出す必要があるのです。

信用を失ってしまった状態にあるときは、相手にはなかなか理解してもらえないでしょう。

それでも、ふてくされずに、コツコツと、信用がプラスになるようなことをやり続けてください。

努力しても、すべてがうまくいくとは限りません。

もしかすると、壊れてしまった関係は修復できないかもしれません。

しかし、誠実で前向きな姿勢で、周りの人と向き合い続けていれば、その先の未来は必ず変わります。

自己嫌悪でいたときは、マイナスのエネルギーが増えるばかりだった心が、前向きな行動を始めてからは、プラスの状態になるからです。

例えば、前の人間関係は戻らなくても、新しい素敵な出会いが訪れるかもしれません。

何もしないままでは、信頼は取り戻せません。

相手が何かしてくれるのを期待するのではなく、奇跡が起こるのを待つのでもなく、こちらから歩み寄って自分が未来を変えるしかないのです。

1章のまとめ

☆ 心にプラスのエネルギーが多ければ「いいこと」が、マイナスのエネルギーが多ければ悪いことが起こる。

☆ 感情は、香りのようにすぐに消えていくものではなく、心の中に蓄積されていく性質のもの。

☆ 「希望が持てない」のは、意志や性格の問題ではなく、いま心にたまっている感情がマイナスに傾いているから。

☆ 心のエネルギーの状態は、自分で「変えようとできること」。他人の心はコントロールできないけれど、自分の心の設計図は自分で書くことができる。

☆ 「国も社会も、会社も自分も右肩下がり。だから将来もじり貧だろう」は、間違った思い込み。

☆ どんな逆境でも、「この程度でよかった」と考えるような「プラスのエネルギーを増やす生活」をすれば、幸せな人生をつくっていける。

☆ 「誰かがいいことを運んできてくれないかな」という受け身の状態では、変化は起きない。

☆ 見栄や世間体など、本当はそんなに欲しくないものにこだわって、「いまの自分は幸せではない」と決めつけているケースは多いので注意が必要。

☆ 「大事な人の信用を失った」ようなときこそ、前向きな行動をすることが、未来を変える。

この章で気づいた“希望の芽”

2章

自分で〝プラスの流れ〟をつくれる人のちょっとした違い

「わからないから面白い」と言ってみる

希望が持てない理由を聞くと、「実は、先のことが不安で仕方がないんです」という答えが返ってくることがあります。

「このまま一生、独身だったらどうしよう」

「会社でリストラにあったらどうしよう」

というような具合です。

不安とは、自分がコントロールできないことについて、感じることが多いものです。

その証拠に、これらの不安も、基本的には自分一人で解決することができないものです。

そのため、余計に不安が大きくなるのです。

不安にまつわる面白い話を聞いたことがあります。

誰でも恐怖を感じるジェットコースターでも、ハンドルをつけるなどして自分が運転している状況にすると、怖くなくなるというのです。

つまり、ジェットコースターは、「次にどうなるかわからない」という不安が、恐怖を増大させているというわけです。

このしくみを利用して、不安を小さくする方法があります。

それは、**「わからない」という状況を、「怖い」「不安」と思う代わりに、「わからないから、面白い」と言いかえる**ことです。

「絶対にこうなる」とわかっていることは、不安もない代わりに、期待感も限定されます。しかし、どうなるかわからないことは、不安はあるものの、「予想以上に素晴らしい展開になる可能性もある」ということです。

見方を変えれば、先の見えないことは、面白い状況にあるともいえるのです。

「まだ決まっていないから、先行きが面白い」
「どうなるかわからないなら、自分の手でいい方向に進ませるようにしよう」
そう考えることで、不安に苦しむ時間が減っていきます。

不運な出来事はプレゼントだと考える

不運な出来事に直面したときは、誰でもつらいものです。

しかし、**ある程度時間がたってから過去を振り返ってみると、「あの時のつらい経験のおかげで今の幸せがある」と思うようになる人は多くいます。**

実は、不運な出来事は、大切な何かに気づくための、神様からのプレゼントであることも多いのです。

有名大学を卒業し、一流企業に就職したあるエリートサラリーマンの男性は、責任ある仕事を任されて、とんとん拍子に出世していきました。

朝早くから夜遅くまで働き、休日もほとんどないような毎日を送っていました。

体調を心配していた家族からは、「もっと自分の体を大切にして」と言われていましたが、聞く耳を持とうとはしませんでした。

そして、彼はついに倒れてしまいました。

長年の無理がたたったのか、長期間の入院を余儀なくされました。

彼は病院のベッドの上で、「こんなに大事な時期に会社に行けないなんて。情けない」と深く落ち込んでいました。

一年後、病気が全快し、その男性は職場に復帰しました。

出世街道からは外れましたが、不運には思いませんでした。

なぜなら、病気になったことで、たくさんの大切なことに気づいたからです。

「もし病気をせずに、あのまま仕事にばかり没頭していたら、家族を愛する喜びを知ることもなく、自分の人生を不幸なものにしていたかもしれない」

と彼は言います。「自分に病気をプレゼントしてくれた神様に、ありがとうとお礼を言いたい」と、今は考えているそうです。

不運な出来事が起きたときは「自分は、もうダメだ」と考えてしまうものです。

しかし、**「この体験は神様からのプレゼントだ。きっと何か意味のあることだ」と考えることで、希望がわいてきます。**

「良い・悪い」を決めつけるクセを捨てよう

心にマイナスのエネルギーを増やしやすい人の特徴に、**ものごとを黒か白かで判断したがる**ということがあります。

そういう人の口からは、

「あの人はこの間、〇〇さんの悪口を言っていたから、悪い人だ」

「日本の政府は最悪で、政治家も最悪。それに比べて、ブータンは素晴らしい国。あんな国に生まれたかった」というような言葉が聞かれます。

彼らの中には、「これはよくて、これはダメ」という明確な基準があるのでしょう。そして、彼らの多くは**「これはいい」という基準から外れたものをすべて、悪いものと判断してしまう**のです。

しかし、世の中というのは意外と複雑にできています。

日本は高い税金等で国民を苦しめる悪い国かもしれませんが、誰でも医療を受けられたり、識字率が100%だったり、いいところもあります。

ブータンに住んでいる人が全員、幸せかといえば、それは違うでしょう。

世の中には、真っ黒なこともなければ、真っ白なこともないのです。

正確にいえば、世の中のほとんどのものが、いい面と悪い面のまざりあったグレーな存在なのです。

真っ白なものしか認めなければ、世の中のすべてが、悪に見えてしまうかもしれません。そうなれば、その人の心は世の中に対する不信感や絶望で真っ暗になってしまいます。

人間も同じです。「優しいけれど、ルーズな人」や、「すぐに怒るけれど、ものすごく努力家でウソをつかない人」というふうに、人の個性にはいい面と悪い面の両方があります。

それなのに、**その人の短所をひとつ見つけた途端に、「あの人は信用できない」と決めつけてしまえば、周囲の人は全員悪人になってしまいます。**

悪い面を見てしまったら、次はいい面を探しましょう。

いい面が見つかれば、マイナスのエネルギーばかり増えることはありません。

コンプレックスと仲良くしすぎない

自分ではどうにもならないことで、「ああでもない、こうでもない」と不満を並べ立てる人生を送っている人は、自分で希望をつくり出すことができません。

そのいい例が、**自分の容姿や境遇で悩む**ということです。

「私は目が細くて鼻も低い。だから、いつまでも恋人ができないんだ」

「私の育った家庭は両親の仲が悪かった。だから、幸せな結婚なんて望めない」

といった具合です。

しかし、容姿や境遇というのは持って生まれたものですから、変えようがありません。

このような、自分の努力ではどうにもできないことに対して、コンプレックスを持ち続けていると、自分のことがどんどん嫌いになってしまいます。

そこで、頭を切り替えて、自分の欠点だと思っていること、コンプレックスを感じていることを、違う角度から見直してみましょう。

目が細くて、鼻が低いなら、その特徴を活かすようなメイクの方法をマスターすれば、それは立派な個性となります。

両親の仲が悪い家庭で育ったのなら、同じように暗い境遇で育ったけれど、立派に成長して、今は幸せに暮らしている人を見つけて、その人の生き方を参考にしましょう。

たとえ、**自分の出発点が人より不利な状況だったとしても、ずっとその場所にとどまっている必要はありません。**

そこから抜け出すのは自分の意思であり、行動です。

自分で自分を嫌って、「私はこんな顔だから」「私は不幸な境遇で育ったから」と言っている限り、希望は生まれません。

経営の神様と呼ばれる**松下幸之助氏は、「貧しかったから、人を幸せにしようと思った」「体が弱かったから、人の使い方を考えた」「学歴がなかったから、人からたくさんのことを教えてもらうようにした」と、マイナスの境遇を前向きにとらえて、いつも笑顔でいたといいます。**

マイナスに見える状況も、とらえ方ひとつでプラスに変わるのです。

イライラしたら、ためしに性善説で考えてみる

「デートに誘ったのに、相手からなかなかメールの返信がこない。すぐに返事をよこすのがマナーというものだろう」

「部下に仕事を教えても覚えてくれない。最近の若い人はやる気がないな」

このように、人間関係では、思い通りにならないことが日常的に起こります。

しかし、そこで「失礼な人だ」「人間関係って面倒なことばかりだ」とイライラしたり、「私って本当にツイていないな」と落ち込んだりすると、心の中にマイナスのエネルギーが増えてしまいます。

そんなとき、気持ちをプラスの方向に切り替えるには、性善説で物事をとらえるのが効果的です。

相手からデートの返事がこないのは、メールをうっかり見忘れているのかもしれません。

もしくは、返事もままならないくらい忙しいのかもしれません。

部下が仕事をなかなか覚えられないのは、こちらの教え方がよくないのかもしれません。または、やる気がないのではなく、もともとおっとりとした性格かもしれないし、その仕事に向いていないのかもしれません。

このように、**うまくいかないときは、相手のせいにするのではなく、「相手には悪気はない」という性善説で考え、相手の事情にまで想像力を働かせると、ストレスは半減します。**

同時に、「どうすればうまくいくのか」を自分で考えて、行動に移せるようになっていくと、人としても成長できます。

もし、自分の考えた方法がうまくいけば、「なるほど。こうすればいいんだ」と希望がわいてきて、心も前向きになります。

人のせいにしても、何も解決しないだけでなく、相手に対してストレスがたまり、心にはマイナスのエネルギーが増えてしまいます。

「私のまわりはイヤな人ばかり」とグチを言っても何も変わりません。

思い通りにいかないなら、その状況を変えるために自分の頭を使いましょう。

「マイナスの時間」に新しい名前をつける

不幸なことが立て続けに起こったときや、悩みごとから抜け出せないでいるときは、「これから先もずっと、同じ状況が続くのではないか？」と思ってしまうものです。

しかし、実際は時間が経つにつれ、状況は変わっていきます。

「時間薬」という言葉を聞いたことはありますか？

この言葉は「どんなに不幸なことがあっても、時間が薬となって、忘れることができる」という意味で使われます。

あるＯＬの女性は、三十代半ばで乳ガンが見つかりました。

突然の告知に、目の前が真っ暗になり、何も考えられなくなったと言います。

幸いなことに初期の状態で見つかったので、ガンは全て取り除くことができたのですが、薬を使った治療は続けなくてはいけませんでした。

「先生（担当医）は、きちんとした治療をすればきっと治るというけど、信じられない。一度治ったとしても、もしかしたら、再発するかもしれない…」

と、現状をなかなか受け入れられずにいました。

そんなとき、以前に乳ガンになり、地道な治療を続けたおかげで完治したという女性に出会いました。

その女性は彼女にこう言いました。

「私もガンになったときは、毎日が絶望的な気分でした。でも、病気のことを考え過ぎると、余計につらくなるだけです。**告知されたとき以上の悲しみはもう訪れることはないし、長くつらい治療もいつかは終わるから、大丈夫よ」**

それからというもの、彼女は、**治療している期間を「前向きな気持ちを取り戻すために必要な時間」と思えるようになりました。**

希望がつくれないほど不幸な出来事があったら、そのときが一番苦しくて、その先は少しずつ、良い方向に向かっていく。

そう考えるだけでも、心の中に希望の光は灯ります。

起きた出来事の意味を考える方法

「森羅万象《しんらばんしょう》すべて教訓」という言葉があります。

「森羅万象」とは、世の中にあるあらゆることや物、現象という意味です。

つまり、人が毎日の生活の中で遭遇する全ての出来事は、それぞれに学ぶことがあり、それが、たとえ悲しく、つらいことであろうと、自分に対して与えられた教訓として受け止めることが大切だということです。

物事に行き詰まったとき、逆境に陥ったとき、ショックを受けて気を落とすのではなく、**「全てのことは意味があって起きているから、この状況から学ぶべきことをしっかり学べば、将来は必ずよいことが起こるようになる」**

と考えましょう。

それだけで、希望が湧いてくるはずです。

　ある男性は、知人の紹介で転職することが決まっていました。しかし、勤めている会社を辞めた途端、転職するはずだった会社から、

「別の人が見つかったので、その人を先に採用してしまいました。だから、あなたは採用できません」と言われてしまいました。

　収入がなくなった彼は落ち込みましたが、

「ここでがんばればいいことがあるはずだ」と気持ちを切り替えて就職活動をした結果、一カ月後に希望にかなった就職先を見つけました。

　それから三年後、かつて転職するはずだった会社は倒産してしまいました。

　もし彼がその会社に転職していたら、今ごろ無職になり困り果てていたでしょう。

　転職先から入社拒否された、というマイナスの出来事は、実はプラスの出来事に通じていたのです。

　希望をつくるには、**どんなにつらいことがあっても、グッと我慢して「必ずよくなる」と信じることです。するとと本当に全てのことがプラスに転じていくのです。**

「私だけ損してる」と言う人の思い込み

苦しいことが続くときは、

「どうして私ばかり、不幸なことが起きるの?」

「あの人にはいいことばかり起こるのに、私にはつらいことばかり起きるのはどうして?」

と神様を恨《うら》みたくなるものです。


「どうして私ばかり?」と思うとき、その人の心には、**「人の幸せは本来、平等であるべきだ」という思い込みが存在しています。**


「平等であるべきなのに、私だけツイていないのはおかしい!」

と思うから、怒りや悲しみがわきあがってくるのです。

しかし、この「人は平等であるべき」という思い込みを持っていると、心にマイナスのエネルギーを増やす原因になってしまいます。

人は生まれるとき、どの親のもとに生まれるかを選ぶことができません。

優しいお母さんの家に生まれるか、厳しいお母さんの家に生まれるかによっても、その赤ちゃんの育ち方は変わってくるでしょう。

裕福な家庭に生まれるか、貧しい家庭に生まれるかでも、買ってもらえるものも、違ってきます。

そう考えると、人生はもともと、理不尽で不平等なものといえるのかもしれません。

しかし、それが不幸かといえば、それは違うのではないでしょうか？

なぜなら、どんな環境のもとに生まれようと、それが現代の日本である限り、自分がそこからどう生きていくかを選択できる環境にあるからです。

「人生は人それぞれ」と最初からとらえることができれば、「不公平だ」という怒りの気持ちは消えるはずです。

大切なのは、それぞれのポジションで精いっぱい生きることです。

人と自分の幸せを比べて、心にマイナスのエネルギーを増やすのはやめましょう。

「自分らしい幸せ」を見つけてください。

100%の〝いい人〟になんてならなくていい！

真面目な人ほど、心にマイナスのエネルギーを増やしやすい傾向があります。

「人にウソをついてはいけない」
「人には親切にしなければいけない」
「みんなに優しくしなければいけない」

と**自分にたくさんのルールを課して、その約束が守れないと、自分を責めたり悔《く》《や》んだりしてしまうからです。**

そんな人には、「もう少しラクに生きる」ことをおすすめします。

OLのA子さんは、こんな悩みを持っていました。

彼女には学生時代の仲間で、なんとなく苦手なB子さんという友人がいます。

B子さんは、A子さんをすごく慕《した》っているのですが、A子さんにとってはそれが負担なのです。

B子さんから、「今度また、ご飯を食べようね！」とメールが来ると、マジメなA子さんは、「そうだね！　楽しみにしてるね」と返事を返します。

A子さんはそのあとで、「B子さんはいい人だし、私を慕ってくれているのに、私は彼女を好きになれない。本当は彼女とご飯なんて食べに行きたくないのに、ウソのメールを書いてしまった…」と自分を責めるのです。

A子さんの中に、「正直に生きなくてはいけない」というルールがあるため、思ってもいないことをB子さんにメールした自分が許せないのです。

しかし、考えてみればA子さんは、B子さんに何も失礼なことなど言っていません。

それなのに、自分を責めて心にマイナスのエネルギーを増やすのは、何の意味もありません。

100％善人になろうとすると、どうしても無理が出ます。

誰も傷つけないのなら、「あのメールは本心じゃないけど、まあ、いっか」と考えるくらいでも、バチは当たりません。

「親や上司のせいで…」が招《まね》くスパイラル

自分の不幸を他人のせいにするクセを持っていると、心にマイナスのエネルギーが増えやすくなります。

充分な収入がないことを会社のせいにしていませんか？
病気を見つけられなかったことを、医者のせいにしていませんか？
まだ独身でいることを、自分を捨てた恋人のせいにしていませんか？

できない理由、失敗した言い訳、傷ついた原因を**何か（誰か）のせいにしている限り、事態は悪化するばかりです。**

ある女性は、小さい頃に怒ってばかりいて、ちっとも甘えさせてくれなかった母親のことを恨んでいました。母親のせいで、自分は臆病な性格になり、他人とうまくコミュニケーションがとれなくなってしまったと考えていたのです。

しかし、あるとき、彼女はそんな自分を変えたいと思い、親友に母親のことを相談してみました。

すると、親友は、「あなたを怒ってばかりいた母親も、小さい頃はその母親に叱られて泣いてばかりいたのかもしれないね」と言いました。

そう言われ、彼女はハッとしました。

「怖かった自分の母親は、もしかすると自分勝手で意地悪な加害者ではなく、子育てに迷う一人の女性だったのかもしれない」と気付いたのです。

そして、母親を自分と同じ一人の女性として見ることができたら、今度は、「厳しい母親だったけど、一生懸命育ててくれたんだな」という感謝の気持ちまでわいてきました。

世の中に、被害者も加害者もいません。

そこには、それぞれに悩みを抱えながら必死に生きる人間がいるだけです。

「あの人のせいで苦しい」と考えるのはやめましょう。

被害者意識を持っている限り、自分が変わることはできません。

2章のまとめ

☆ 不安になる時間を減らすには、「言い替え」が効果的。

☆ なんでも「良い」「悪い」のどちらかに振り分けたがる人は、ネガティブになりやすい。

☆ 「自分のコンプレックスを知っていること」と、「いつまでもコンプレックスを持って立ち止まっていること」は違う。

☆ 相手にムカムカ・イライラしたら、ためしに、「相手に悪気はない」という前提で考えてみる。

☆ 絶望的なときは、「これ以上の苦しみは訪れない。これからの時間は、前向きな気持ちを取り戻すために必要な時間」と考え方を変える。それだけでも、希望の灯は輝く。

☆ どんなに厳しいマイナスの出来事も、プラスの出来事につながっている。「必ずよくなる」と信じると、本当にプラスに転じていく。

☆ 理不尽で不平等なこともあるのが人生。しかし日本では、人生を選択できる環境がある。
自分の置かれたポジションでどう生きるかが、人生を決める。

☆ 真面目すぎて、自分にルールを課しすぎ、減点評価をしてネガティブになるタイプの人もいる。
完璧な人になんてなろうとしなくていい。

☆ 厳しかった親に対する見方をちょっと変えてみると、憎しみも形を変える。「あの人のせいで私は不幸」と考えていると、もっと不幸になってしまう。

この章で気づいた〝希望の芽〟

3章

心の中の〝マイナスエネルギーのモト〟を捨てる方法

"すぐ謝る人"がポジティブになりにくいのはなぜ？

さまざまな感情がある中で、「この感情はプラスなのか？　マイナスなのか？」ということがわかりにくい感情があります。

そのひとつが、罪悪感です。

何も悪いことをしていないのに、やたらと「ごめんなさい」「すみません」と謝っている人がいます。

このような人は、心の奥底で「自分は悪い人間だ」「幸せになってはいけない人間だ」という思いを強く持っているため、つい謝罪の言葉が口に出てしまうのです。

子供のころ、親から厳しく育てられて、「あなたはダメな子」「あなたなんてきっと立派な大人になれない」といった言葉をかけられていた人に、このような考え方を持っている人が多いようです。

罪悪感が強いと、心にプラスのエネルギーを増やすことができません。

なぜなら、**自分を「悪い人間」と思っている人は、自分が幸せになったり、希望を持ったりすることが許せないからです。**

そのため、罪悪感を持っている人の心には、プラスのエネルギーは増えていきません。

ただ、罪悪感を手放すことは、なかなか簡単ではありません。

なぜなら、「ごめんなさい」「すみません」と謝る人を、まわりの人たちは「謙虚でいい人」という目で見ることがあるからです。

そのため、罪悪感を持っている人は、いつも謝りながら、**「罪悪感を持っていると、人から好感を持たれやすい」と誤解してしまうことがあるのです。**

その結果、重苦しい思いを抱えながらも、自分を変えられないのです。

そういう人には、毎日、自分の中で**「私は幸せになってもいい人間だ」と口に出して言うことを**おすすめします。

「幸せになれない人」なんていません。自分の心のエネルギーをプラスにすれば、必ず希望があふれる未来が手に入ります。

捨てたほうがいい目標の見分け方

若くして起業、年収アップ、都心の高級マンションに住む、外車を手に入れる、玉の輿《こし》に乗る……。

そのようなことを人生の目標に掲げる人がいます。

いわゆる、「わかりやすい人生の成功」の形を求めるタイプの人です。

そのような人は、短期的に成功を収めても、それが長く続くことはあまりないようです。

その中には、目標が叶ったはずなのに、なぜか幸せそうではない人もいます。

それはなぜでしょう？

答えは、このような**「お金で換算できるもの」を必要以上に求める人の目標は、マイナスのエネルギーから出発していることが多いからです。**

例えば、「貧乏だった自分をバカにした人を見返してやりたい。だから、なんとしてでも成功してやる」という具合です。

がむしゃらに行動することで、力ずくで願いを叶えることはできても、心の中はマイナスのエネルギーで一杯です。

そのため、短期的に見ればうまくいっているように見えても、それを持続するためのプラスのエネルギーが足りず、最終的にはマイナスの結果を引き寄せることになるのです。

目標に向かってがんばっているのに、心の中でいつもどこかイライラしている、という人は、「この目標を達成したとき、自分は本当に幸せを感じられるだろうか？」と考えてみましょう。

そして、自分がやりたいと思っていたことが、「他人を見返す」ためであって、自分の幸せとつながっていないとわかったら、そんな目標は捨ててしまいましょう。

他人を見返すための目標を達成しても、希望など生まれません。

ガマンしてばかりの自分から卒業する

イヤなことはイヤだと言う。うれしいことは、うれしいと言う。好きなことは、好きだと言ってみる。腹が立ったときは素直に怒る。

このように、**時には自分の感情を素直に表すことは、心の中にある後悔や恨みといったマイナスの感情をためないために、とても大切なことです。**

恋人関係の男女の話です。

このカップルは、マイペースな彼とおとなしい彼女という組み合わせでした。

彼は思いつきで行動するタイプで、彼女の方はいつも彼の気まぐれに振り回されていました。しかし、彼女は彼を好きだったので、文句を言って嫌われてはいけないと思い、黙って我慢していました。

あるとき、事件が起きました。彼が「今度会う時、お弁当を作ってきてくれる?」と言ったので、彼女は早起きをして豪華なお弁当を作りました。

しかし、彼女がそのお弁当を取りだすと、彼はお弁当のことなどすっかり忘れていて、「ごめん。今日、朝ご飯をたくさん食べてきちゃった。お腹いっぱいで食べられないよ」と笑って言ったのです。

いつもなら、「じゃあ、私一人で食べるからいいわ」とおとなしく引き下がる彼女ですが、このときは違いました。

「もう、あなたに振り回されるのはごめんだわ！」と彼を怒鳴りつけたのです。心の中にためていたマイナスのエネルギーが爆発したのでした。

彼は彼女が自分の気まぐれのせいでストレスを感じていたことを初めて知り、「ごめん。そういうときは叱ってほしい」と反省の気持ちを伝えました。

それ以来、彼女は我慢しすぎずに、自分の気持ちを伝えるようになり、二人の関係は前よりも親密になりました。

自分の気持ちを言えなかったり、本当の気持ちを隠して、思ってもいないことを言ったりすることが続くと、心にはマイナスのエネルギーが増えていきます。

いつも我慢しているという人は、上手に気持ちを伝えていく練習をしましょう。誠実な相手なら、ちゃんと耳を傾けてくれるはずです。

相手への期待が大きすぎる？

人は本能的に、他人に喜ばせてもらいたいと考えます。

しかし、**「この人は私を喜ばせてくれるだろうか」という期待が大きすぎると、心をマイナスにすることになるので注意が必要です。**


例えば、あるＯＬの女性は次のような経験をしました。

彼女は恋人に対して、「恋人なら私が落ち込んだときに、励ましてくれるに違いない」

という期待を持っていました。

しかし、あるとき、彼女が上司に怒られて沈んでいるとき、それを恋人に相談すると、
彼から意外な言葉が返ってきたのです。

「社会人なんだから、上司に叱られたくらいで落ち込むなよ。それに比べたら、俺の方が大変だよ」

慰めて、励ましてもらえると思っていた彼女はショックで、彼の前で泣き出してしまいました。

彼女は、恋人に期待しすぎていたのです。

男性の中には、相手に共感するのが苦手で、正論を口にするタイプの人が多くいることを、彼女は知っていました。

それなのに、**「でも、私の彼はきっと私を慰めてくれる」と勝手に思い込んでいたのです。**

しかし、その結果は、期待外れの彼の言葉にショックを受けて、心にマイナスのエネルギーを増やすことになってしまいました。

彼女が、「励ましてもらえたらうれしいな」と思いながらも、「でも、仕事のグチなんて聞くのが嫌いな人かもしれないし、あまり期待しないでおこう」と最初から考えていたら、こんなに落ち込まずにすんだのです。

つい他人に期待してしまうという人は、「他人がしてくれたことはすべてサプライズと考えよう」と決めてしまうのがいいでしょう。

「他人に喜ばせてほしい」と思うより、自分で自分を喜ばせるほうが簡単で確実です。他人への期待は手放しましょう。

悪口を言われてもムカムカし続けない考え方

「あなたって、何をするにしても、ノロノロしてるよね」

「君って、愛想がないし、気も利かないから、異性からモテないだろうね」

無神経な人に、そんなことを言われたら、誰だって傷つきます。

悲しさと悔しさ、そして自分を尊重してくれない相手に対する憎しみが、心の中に湧き上がってきます。


悪口を言う人というのは、心の中にねたみや嫉妬《しっと》という感情をもともと多く持っていて、それを他人にぶつけてくるのです。

言葉とは裏腹に、**本心では悪口の相手をうらやましく思っていたり、やり場のない感情を発散しているだけだったりするので、相手にしないのが一番です。**

しかし、中には、一度言われた悪口をいつまでも忘れられずに、憎しみの感情を増やしてしまう人がいます。

いくら相手が悪かったとしても、自分の心の中に憎しみの感情を持っていれば、心はマイナスに傾いていき、自分の身にマイナスの出来事がふりかかってきてしまいます。

希望を持って生きていきたいのなら、そんな感情は捨ててしまいましょう。

別に、**相手のことを許す必要もないし、無理に好きになる必要もありません。**

ただ、言われた悪口のことを考えても、心が波立つことなく冷静でいられるようになれば、それで十分です。

そのためには、**悪口の内容そのものよりも、悪口を言われたときの感情を手放すことが重要**になってきます。

「私は悪口を言われても、その影響は受けない」と心に言い聞かせましょう。

他人からの心ない悪口に振り回されないようになると、心の中のマイナスのエネルギーは増えにくくなっていきます。

希望を持ち続けるために、悪口にへこたれないような精神力をつくりましょう。

マイナスの源になっているモノを処分する

知らず知らずのうちにマイナスのエネルギーを生みだす原因のひとつに、イヤな過去を思い出させる物があります。

自分では、**すっかり立ち直ったつもりでも、その「思い出の品」が目につく度に、無意識のうちにつらい記憶を思い出してしまい、マイナスの感情が蓄積されることがあります。**

ですから、イヤな気持ちを思い出させる物は、感情を手放すのと同じように、処分してしまったほうがいいのです。

S子さんというOLは、二年前に、信頼していた友人のT子さんに恋人を奪われました。

いつも一緒に行動し、悩みごとがあったら真っ先に相談するくらい仲のいい友人だったので、「裏切られた」と知ったときは深く心が傷つきました。

それ以来、S子さんは友だちができそうになっても、そのときの記憶がよみがえってきてしまい、安心して心を開くことができません。

「このままでは、いつまでたっても誰も信用できない人間になってしまう」と思ったS子さんは、過去のイヤな記憶を捨てる決心をしました。

何をしたかというと、T子さんに関わるすべての物を処分したのです。

二人で旅行に行ったときの記念写真、一緒に買い物に行ったときに買った洋服やアクセサリー、もらった手紙や、携帯電話の中のメッセージまで、とにかく少しでも彼女の面影を思い出すものは捨ててしまいました。

すると、気分がスッキリしました。

ゴミ袋をゴミ捨て場に出したときは、「もっと早く捨てておけばよかった」と思ったそうです。


自分のまわりに物理的な変化を起こすことが、心にも影響を与えることはよくあります。マイナスのエネルギーの元になるものは、思い切って手放すことを考えましょう。

世間より、まず自分が喜ぶことをする

映画「ロッキー」をご存知の方は多いでしょう。

このロッキーはパート1から6まで作られています。最後に作られた「ロッキー・ザ・ファイナル」では、現役を遥か昔に引退した55歳のロッキーが主人公です。

映画の中で、ロッキーはレストランを経営しています。そして、ある時、テレビで過去のチャンピオンとして否定されたことがきっかけでもう一度、現役に復帰することを決意します。

そんな父親を見て、息子がこんな質問をしました。

「お父さんは、世間に、何を証明したいの?」

ロッキーは即答することができませんでしたが、考えた末に、

「世間にどう映るかは関係ない。自分の道をどう歩むかのほうがずっと大事だ」

という心の声を聞き、現役に復帰することを決めるのです。

その後、記者会見で、記者の失礼な発言に対してロッキーはこんなセリフを言います。

「好きなことに挑戦しないで後悔するより、醜態をさらしても挑戦するほうがいい」

こうして、55歳のロッキーが再びトレーニングを開始し、現役チャンピオンに挑みました。

その試合で、ロッキーは無様《ぶざま》な姿をさらしました。

しかし、ロッキーの心は充実感でいっぱいでした。

それは、「自分の大好きなこと」のために、精一杯の力を出したからです。

「世間に認められたい」「人からほめられたい」という理由だったら、ロッキーは逃げ出していたかもしれません。


もし、未来に希望が持てない原因が、「このままでは世間から認められない」というようなものなら、そんな悩みは意味がありません。

大切なのは、自分の心が喜ぶことをすることです。

他人に認められても、自分の心が喜びを感じなければ、希望は生まれないのです。

マスコミの情報と距離をとった方がいいケース

「自分の幸せ」がわからないと、マスコミの情報に踊らされることになります。

テレビや新聞には、暗いニュースが溢れています。

電車に乗れば、中吊り広告でショッキングなニュースを知ることになります。

そんな情報を毎日、目にしているうちに、心は自然と暗くなります。

感受性の強い人なら、なおさらです。

心が暗くなれば、心にはマイナスのエネルギーが増えて、マイナスの出来事を引き寄せることになります。

元気なときならまだいいのですが、落ち込んでいる時に、そういう情報に触れると、さらに落ち込んでしまうものです。

ある地方に住んでいるオシャレが大好きな若い女性がいます。

彼女はたくさんのファッション雑誌を定期購読しています。

しかし、問題がありました。**雑誌を読んでいるときはウキウキするのですが、読み終わってしばらくすると、いつも暗い気分になるのです。**

なぜなら、雑誌に出てくる洋服は高くてとても自分には買えないからです。

それに、自分と同じくらいの年齢の読者モデルたちの華やかな暮らしと、地味な自分を比べると、みじめな気持ちになるのです。

彼女はとてもチャーミングで、優しい恋人がいます。それに、給料は多くありませんが、地元の会社の正社員としての仕事もありました。

それなのに、マスコミの情報のせいで、「私の地味な人生なんてつまらない」と心を暗くしているのです。

あるとき、ファッション誌を読んだあとで暗い気持ちになることに気付いた彼女は、一切、ファッション誌を読むのをやめました。

雑誌の中の女性と自分を比べるのをやめて、彼女は落ち込むことが減りました。

このように、**テレビや雑誌と距離を置くだけで、希望を取り戻せるケースがあります。**

他人の苦しみを背負わなくていい

私がこれまでカウンセリングをしてきた中で、マイナスのエネルギーを増やしやすい人には、いくつかの特徴がありました。

ひとつの典型的な例は、**自分自身の問題ではなく、他人の問題を抱え込んでしまうケース**です。

「恋人が転職するかどうか悩んでいて、気がかり」

「親友が失恋して落ち込んでいるけど大丈夫だろうか」

こんなふうに他人のことが心配で自分まで不安になってしまうのは、他人の悩みを背負い込んでいる状態といえます。

身近な人を思いやるのは素晴らしいことです。

しかし、他人の代わりに悩んだとしても、問題は何も解決しません。

それどころか、心はどんどんマイナスの方向に傾いて、マイナスの出来事を引き寄せてしまいます。

それに、自分の心がマイナスの感情で一杯のときは、本当の意味で、他人を助けることなどできません。

人は本来、自分のことは自分で考える力を持っています。

悩んでいる人に対して、「このままでは彼女は不幸になる」と必要以上に心配することは、彼女の持つ力を信じていないことになります。

本当にその友人の幸せを願うなら、「彼女ならきっと大丈夫」「彼女がこのピンチを抜けられますように」と祈ってあげればいいのです。

向こうから相談されたときに、話を聞いてあげるのはいいことです。しかし、そのときも一緒に悲しまないで、冷静な気持ちで話を聞いてあげるようにしましょう。そのときも、心の奥で彼女の幸せを願いましょう。

他人のためであっても、前向きな願いを持つことは、心にプラスのエネルギーを増やします。

こうして、自分の心の中にマイナスのエネルギーが増える習慣をひとつひとつ改善していくうち、身の回りに起きる出来事が変わってきます。

後悔するより、新しいことを始めよう

心にマイナスのエネルギーをためやすい人の特徴に、**過去のことでクヨクヨしやすい**ということがあります。

「大学に通っているときに、もっと勉強しておけばよかった」

「あの時、親のアドバイスを素直に聞いていれば、今のような苦しい状況になることはなかったかもしれない」

という具合です。

このように、後悔してばかりいると、「自分はなんてダメな人間なんだ」という気持ちが強くなり、心にはマイナスのエネルギーがどんどん増えてしまいます。

悲しい過去を断ち切るためには、

「もう、過去のことでクヨクヨするのはやめよう」と自分で強い意志を持つことが効果的です。

もし、何かの拍子にそのことを思い出したときは、自分を叱らずに、「また思い出してしまった。私は自分の想像以上に、あのことにこだわっていたんだな。でも、忘れなきゃ」というように、冷静に受け止めてあげてください。

「絶対に思い出してはいけない」と自分にプレッシャーをかけると、かえってそれが負担になって、心にマイナスのエネルギーを増やすことになるからです。

忘れることを決めたら、次は前に踏み出す行動を始めましょう。

大学のときに、勉強が足りなかったと後悔している人は、今から勉強を始めましょう。

ずっと昔に別れた恋人のことを忘れると決めたなら、友だちに頼んで、異性を紹介してもらいましょう。

そのように、新しいことを始めると、ワクワクして、心にプラスのエネルギーが増えてきます。

「振り向くな、振り向くな、後ろには夢がない」

という言葉を残したのは作家の寺山修司です。

過ぎ去った後ろばかり見ていても、希望は生まれません。

「やらないことリスト」をつくる

人は好きなことをしていると、心にはプラスの感情が生まれ、逆に嫌いなことをしているときは、マイナスの感情が生まれるものです。

ですから、できるだけ好きなことにエネルギーを注いで、嫌いなことはやらないでおくのが、心と体の健康のためにはいいのです。

しかし、人は**嫌いなことでも、「儲《もう》かりそうだから」「人脈が増えそうだから」という理由でつい手を出してしまうことがあります。**

たいていの場合、「こんなはずではなかった」と後悔するのですが、**欲が勝ってしまっているとそのことになかなか気付くことができません。**

そのように、無駄な時間を過ごさないためにも、ぜひ試してほしいことがあります。

それは、「やらないことリスト」をつくるということです。

ある経営コンサルタントの話をしましょう。

彼は中小企業を専門としたコンサルタントでした。

「社員が少なくても、大きな利益が出なくても、頑張っている中小企業を応援したい」というのが独立起業したときの理念でした。

しかし、現実はそう甘くはなく、自分の利益を得るために大企業のセミナーを引き受けざるを得ない状況が続きました。

お金は貰えましたが、彼はなんだか空《むな》しい気持ちに襲われました。

「これでは何のために独立したのかわからない。自分の本当の夢を忘れていた」

そこで、彼は「やらないこと」を決めて、リストをつくりました。

「お金のためだけで仕事を選ばない」という具合です。

自分の意に沿《そ》わないことをやって、後悔しないためです。

ときどき、そのリストを見直すと、本当にやりたいことを思い出し、「自分は好きな仕事で成功するぞ」とファイトが湧いてくるといいます。


嫌いなものを排除すれば、心の中にマイナスの感情がたまるのを防ぐことができます。

3章のまとめ

☆ しょっちゅう謝っている人は、「自分は悪い人だ」「幸せになってはいけない人間だ」と思い込んでいる。

☆ がんばっているのにイライラする場合、目標の出発点を見直してみよう。「他人を見返すため」では、希望は生まれない。

☆ 他人に期待しすぎるより、自分を喜ばせる方が簡単で確実。

☆ 人に悪口を言われたら、相手にしないのが一番。許さなくていいし、好きになる必要もない。悪口の内容よりも、悪口を言われたときの感情を手放すことが大事。

☆ イヤな過去を思い出させるモノは、捨てよう。

☆ 「このままでは世間に認められない」という悩みに意味はない。自分が喜べることでなければ希望は生まれない。

☆ テレビや雑誌、ネットの情報や、そこから出てくる空気に合わせなくていい。

☆ 人を思いやるあまりに、他人の代わりに悩んでも、問題は解決しない。

☆ 過去のつらい思い出は、無理に忘れようとしなくていい。忘れると決めたら、一歩前に進む行動をすることに頭を使うほうがいい。

☆ 「やらないことリスト」をつくる。

この章で気づいた"希望の芽"

4章

直感を信じて
〝自分らしい幸せ〟を見つけるコツ

自分の長所に注目する

自分のことが嫌いという人は、心にマイナスのエネルギーが増えやすくなります。**自分を嫌いな人は、何もしていないうちから、「どうせ自分は何をやってもうまくいかない」と思い込みがちです。**

そして、うまくいかなければ、「やっぱりまたダメだった」と落ち込み、うまくいったときも、「今回はまぐれに決まっている」と思うため、素直に喜ぶことができません。

そんな状態では、当然、心にはマイナスのエネルギーが増えていきます。

また、人間には、「自分が期待された通りの人間になろうとする無意識の心理」が働くものです。それを、**ピグマリオン効果**といいます。

つまり、自分自身のことを、「地味な性格で、これといった取り柄《とりえ》もない」と思っていると、無意識のうちに**「地味な性格で取り柄もない」自分のそのイメージ通りに行動する**

ようになってしまうのです。

このような状態から抜け出すには、自分を好きになることが大切です。

自分を好きな人は、イヤなことがあっても、

「今回はうまくいかなかったけど、次はきっと大丈夫だから、気にしない」

と、自分に肯定的な言葉をかけてあげられます。

そのため、心の状態がプラスになりやすいのです。

自分が嫌いと言う人を観察すると、いつも自分の嫌いなところに注目し、自分の欠点の数を数えています。

しかし、そんな人にも、いいところがたくさんあるのです。

自分の長所に、もっともっと注目しましょう。そして、「自分にもいいところがある」「自分も幸せになれる」と口に出して言ってみましょう。

それだけでも、心の中に希望は生まれてくるのです。

「人より少し得意なもの」が1つあればいい

「このことなら私にまかせて」というものが**ひとつでもあれば、人は希望を持って生きていくことができます。**

ある男性の話を紹介しましょう。彼は高校時代、クラスでいじめられていました。成績が悪く、特別運動神経がいいわけでもなく、どちらかというと引っ込み思案で自己主張が下手な性格だったので、イジメの対象にされてしまったのです。

朝、学校に行くために家を出るのですが、またイジメにあうのが怖くて、引き返す日々が続き、ついには登校拒否になってしまいました。

「自分に自信が持てない」と悩んだ彼は、その気持ちを文章にしてインターネット上のサイトに投稿してみたら、気持ちがスッと晴れやかになるのを感じました。

ずっと自宅にこもったままの状態で時間もたくさんあったので、毎日のように文章を書いてサイトにアップしていると、どんどん上達していきました。

あるとき、試しにエッセイのコンクールに応募してみました。

すると、佳作に入選し、雑誌にエッセイが掲載されたのです。

これをキッカケに自信を取り戻した彼は、登校する決心をしました。

久々に会った先生やクラスメイトが、

「雑誌に載っていた君のエッセイ読んだよ。すごいね」

とほめてくれました。それからというもの彼は友達もできて、イジメの対象になることはなくなりました。


どんな人でも、ひとつは他人より得意なものを持っているはずです。

誰よりも上手なものでなくてもいいのです。

まわりの人より、ほんの少しだけ得意だと思えることでいいのです。

それだけで、自分に希望を失うことなく、イキイキと毎日を過ごすことができるのです。

「夢中になれること」をして自分を喜ばせる

心から好きだと思えること、夢中になれるような趣味がある人は、心にプラスのエネルギーが増えやすくなります。

自分の好きなことをしていると、理屈ではなく、無条件にハッピーな気持ちになるからです。

二十世紀最大の天才画家であるピカソは、とても早熟な子どもでした。

中学生になるかならないかという年齢で、大人顔負けのすばらしい絵を描き残しています。

しかしピカソは、学校での美術の成績は抜群に優れていたのですが、その他の科目は、まるっきりダメだったそうです。テストをしても、下から数えたほうが早いくらいの成績でした。

ピカソが天才と呼ばれるような偉大な業績を残すことができたのは、「絵を描く」ことにかけては誰にも負けない才能を持っていたことに加え、絵を描くことがとても好きだったことが挙げられます。

それを証拠に、「ピカソは最も多くの作品を残した美術家である」とギネスブックに記されています。

いくら才能があるからといっても、絵を描くことが好きでなければ多くの作品を残せるはずはありません。

ただ楽しくて、描き続けていたら、いつの間にか膨大な数の作品ができあがっていたのでしょう。

「好きこそ物の上手なれ」ということわざがあるように、人は自分の好きなことをしていると、自然に熱中するので、上達も早いのです。

私たちはピカソのような天才にはなれないとしても、好きなことなら楽しく続けられます。

好きなことで自分を喜ばせることができれば、いつでもどこでも希望は生まれるのです。

無理に〝苦手なこと〟をしなくていい

自分らしさを磨くためには、苦手なことにどう向き合っていくかを考える必要があります。

「苦手意識は思い込みのせいだから、時間をかけさえすれば克服できるもの」

そういう考え方も確かにあり、決して間違ってはいません。

しかし、誰でも得意なことがあると同時に、**どうがんばっても、楽しくないというような苦手なことも、誰にでもある**のです。

その苦手なことを頑張って克服しようとしても、

「自分はこんなこともできないんだ」

と自信を失い、心にはマイナスのエネルギーが増えてしまいます。

あるＯＬの女性は、子どもの頃から人と話すことが大好きで、周りの人を笑わせたり、楽しませたりすることが上手でした。

彼女は派遣社員なのですが、事務作業のような単調な仕事、経理のように正確さが求められる仕事、人とめったに会わないような部署に配属されると、表情が暗くなって、体調まで悪くなってしまうのです。

「このままでは、毎日が真っ暗だ」と思った彼女は、思い切って、外回りの営業社員を募集していた企業を受けてみることにしました。

そして見事、採用されました。その日から、彼女はみるみる元気を取り戻しました。

「適材適所」という言葉があります。

人は、自分に合った場所で活躍することで、能力が発揮できて、持ち味を活かすことができるのです。

苦手なことを克服するのに手間をかけ過ぎると、エネルギーが消費されてしまいます。

自分の成長に必要なら、ときには嫌いなことに立ち向かう必要もあります。

しかし、**得意なこと、自分の好きなことを貫いて生きていくほうが、人生が楽しくなるのは間違いありません。**

今の「自分らしさ」をバカにしない

自分より幸せそうな人、恵まれている人を見ては、自分と比べて、落ち込んでしまうことがあります。

「私と同じ年齢の人が、私よりずっと多額の年収を得て、立派に仕事をしている。それに比べて、いまだに正社員にもなれない自分が情けなくてしょうがない」

「私より顔も性格もいいと思えない同僚が、私よりも早く結婚した。しかも私の恋人よりもずっとステキな人が相手なので悔しい」

こんな現実に直面したとき、自分が相手よりも劣っているように感じて、空《むな》しい気持ちになり、自分自身の未来に希望が持てなくなってしまいます。

しかし、**どんなに努力をしても、自分は自分。他人になることなどできません。**

これから先もずっと、あなたの人生はあなた自身で作り上げていくのです。

だったら、絶対に手に入らない他人の人生をうらやましがるより、**自分の意志でどうにでもコントロールできる自分の人生に意識を集中させた方がいいと思いませんか。**

自分と同じ年齢といっても、過去に経験したことや資質には大きな個人差があるので、比べてもあまり意味がありません。

同僚よりも婚期が遅れたからといって、自分にも恋人がいる、本当はそれだけで充分に幸せなはずなのです。

人にとって一番の幸せは、「自分らしい生き方に満足する」ということです。

しかし、他人と自分を比べている限り、この満足感は生まれません。

「人より劣っているところもあるけれど、自分の人生もそう悪くはないな」

そう思えば、心にはプラスのパワーがたまり、おのずと希望も湧いてくるのです。

人の人生は千差万別です。「あの人の方が幸せそう」と嫉妬したり、「自分の方があの人より賢い」などと他人を見下したりするのはやめましょう。

「自分らしさ」は誰にでも備わっているものです。そう気付いただけで希望を感じられるのです。

迷ったら〝直感〟に従う効果

自分に向いていることがよくわからない、という人がいます。

「スポーツするのは好きだけど、取り立てて上手でもない。読書もまあまあ好きだけど、そんなにたくさん読むわけではないし……」

しかし、自分に向いているものがわからなくても、落ち込む必要はありません。

こういう人におすすめするのは、直感を働かせて**「ピン」ときたものを、とりあえず試してみることです。**

ある有名なミュージシャンの例を紹介しましょう。

彼は裕福な家庭に生まれたため、幼い頃からたくさんの習い事をしました。

しかし、どれも長続きしなかったといいます。

ピアノを習ってみたかと思えば、厳しい先生に耐えられずに三日でやめたり、「ケンカが強くなりたい」と空手道場に通ってはみたけど、手をケガしてしまいやめざるをえなかったりと、心から興味のあることにはなかなか巡り会えませんでした。

それでも彼は諦めずにいろいろな習い事にチャレンジしていきました。

そして、小学校六年生のときにギターと出会うのです。

お兄さんがギターに興味があるというので、ギター教室の見学についていったところ、「なんてかっこいいんだろう」と一気にギターの魅力に取りつかれたといいます。

それからというもの毎日のようにギターの練習をし、半年後には曲が弾けるまでに上達しました。

彼は現在プロのミュージシャンとして活躍していますが、「子どもの頃に、興味のおもむくまま、習い事をしたおかげで今の自分がある」と語っていました。

「途中で飽きてしまうのでは……」、「長続きしなかったら、恥ずかしいな」などと考えずに、「自分の好きなことは必ず見つかる」と信じて、チャレンジしてみましょう。


自分の心の声に従っていくと、必ず希望は見つかるのです。

「ほめ言葉」から自分がわかる

自分の性格を知っておくことは、希望を持つ上でとても大切なポイントになってきます。

なぜなら、「自分はこんな性格」ということを知っていれば、**向いていないことにはむやみに手を出さずにすみ、本当に向いていることに時間を使える**からです。

自分の性格を知るためには、毎日の生活のなかで、自分がどんな行動をしているか、どんな考え方をしているかを客観的に観察してみることから、はじめましょう。

お風呂に入っているときや、朝早く起きてコーヒーを飲みながらでもいいでしょう。

ひとりきりになって、自分のことを振り返るのです。

特に注意してほしいのが、自分は**どんなことを人にほめられるとうれしいか**、ということです。

ある女性は、いつも「あなたといると元気が出る」と人から言われます。

しかし、実はそう言われてもあまりうれしくはないのです。

彼女が人から言われて一番うれしいのは、「あなたって、意外と女性らしいんですね」という言葉です。

周りから「元気な人」「活発な人」と思われている彼女ですが、それよりも、彼女自身は料理好きなところや、相手を気遣《きづか》うことのできる優しさを気に入っているのです。

彼女は、「私は、自分の女性らしい部分が好きなんだ」ということに気付いてから、マナー教室に通い始めました。

マナー教室で、女性らしい言葉づかいや、しぐさを学び、それらを学ぶたびに、うれしくて、毎月、マナー教室に通う日が待ち遠しくなるくらいでした。

このように、自分自身の性格を分析してみて、「自分はこんな人間なんだ」と理解することが、自分の心を喜ばせるために効果的です。

それが明日への希望につながっていくのです。

過去にうまくいったことを思い出す

「自分らしさ」を見つけるためには、過去を振り返ってみるのもいい方法です。

希望とは未来に対して持つものですから、「過去を振り返る」というと、マイナスなイメージを持つ人もいるかもしれません。

しかし、自分自身の**過去やってきたこと、考えていたことのなかに「自分らしさ」の芽が見つかることが多い**のです。

「小学校のとき、絵で賞を取った」

「友達の結婚式でピアノ演奏をしてあげたら、上手だとほめられた」

といった具合に、ささいなことでいいのです。

特に、**小さい頃からの成功体験や、人からほめられたことを思い出すのがポイントです。**

大手の銀行に勤めている女性は、「自分にはこの仕事は合っていないかもしれない」と悩んでいました。

ハードな毎日なのはもちろんのこと、堅苦しい社内の雰囲気や大きなお金を預かることに対しての恐怖心が大きく、夜眠れないこともありました。

「大きな企業だから両親も安心してくれるし、お給料も高いからという理由で就職先を決めたのが悪かった……」

と自分の考えの甘さが原因であることはよくわかっていたのですが、この先どうしたらいいかという希望が持てずにいました。

そんなとき、大学時代の友人と会う機会がありました。彼は大手の商社に勤めていたのですが、現在は退職して、仲間と居酒屋を経営しているというのです。

彼は、大学のときのアルバイト先でお酒をつくるのが得意だったことを思い出し、勇気を出して会社を辞めたといいます。

それを聞いた女性は、「そういえば、私はボランティアで子どもの保育が上手だとほめられたな」と思い出しました。その後、彼女は転職を考え始めたそうです。

過去の自分は、未来の自分へ「希望」というヒントを与えてくれるのです。

憧れの人のマネをしてみる

自分を好きになるために、憧れの人のマネをしてみるのは効果的です。

マネをする相手は、自分が「こんな生き方をしたい」と思っている人や、尊敬している人がいいでしょう。

できれば、直接会って話せる人がいいと思います。

アマチュアの劇団員だった男性の体験を紹介します。この男性は、ある舞台俳優に憧れていました。

普段着から舞台の衣装、演技はもちろんのこと、話し方やしぐさまで、その俳優のマネをし、研究を重ねていました。

すると、引っ込み思案だった彼の性格が、どんどん積極的になっていきました。

それまでの彼は、大きな声を出したり、人に自分の意見をぶつけたりするのが苦手でした。

しかし、憧れの俳優のマネをして、日頃から、男らしい話し方を意識して、恥ずかしくても自分の考えを伝えるようにしていたら、それがマネではなく、だんだんと彼自身の性格にまで影響を与えるようになったのです。

また、彼は憧れの俳優のマネをしている自分が大好きでした。

そのため、憧れの俳優のマネをするようになってから、彼の心にはプラスのエネルギーが増えて、笑顔でいることが多くなりました。

この話をすると、「人のマネをすると個性がなくなってしまうのでは？」という人がいますが、それは違います。

人というのは**どんなに他人のマネをしても、自然とその人の個性がにじみ出てくるものなのです。**

外見はまったく同じ双子でも、その中身はまったく違うのと同じです。

「あの人みたいになりたい」という人がいたら、その人のいいところをどんどんマネしてみましょう。

憧れの人が、希望を与えてくれます。

「楽しくないのに長く続けてしまった」と気づいたら

「継続は力なり」ということわざにもある通り、ひとつのことを長く続けるとそれが力になってきます。

飽きずに長く続けられるということは、それだけ自分がしていることが向いている証拠だといえます。

しかし、ときどきこんな人も見かけます。

「運よく今の会社に入れてもらって、経理を担当しています。気付けば**十五年続けているけど、この仕事に魅力を感じない**」

「小さい頃からずっと書道をしていて、まわりからも**上手だとほめられる。だけど、やっていて楽しいと思えない**」

こんなふうに思ったことがある人は、改めて、自分のしていることを見直してみてほしいと思います。

「長く続けているけど、そこに希望は見出せているのだろうか？」

「惰性だけで続けていないだろうか？」

「やっていて、ワクワクしないのはなぜだろう？」

人から与えられた仕事や、小さいころからほめられていた得意なことを続けるのは悪いことではありません。

しかし、やっていてワクワクしない、未来への希望が持てないのならば、それは本当に向いていることとはいえないのかもしれません。

「自分らしさ」とは、ただ得意なことだけでつくられるものではありません。

ワクワクするような楽しい気持ち、「好き」という情熱も大切な要素なのです。

人は、心から楽しめることをしていないと、希望をつくりだせないのです。

もし、長く続けていることに楽しみを見出せなくなったら、他に興味のあることを探して、チャレンジしてみるといいかもしれません。

「できること」ではなく、「やりたいこと」を選ぶのがポイントです。

4章のまとめ

☆ 「私は口下手《くちべた》」と思っていると、その通りに行動するようになってしまう(ピグマリオン効果)。自分の欠点ばかり数えず、長所に注目すると、希望が生まれる。

☆ 「得意なもの」とは、「誰よりも、ダントツにすぐれたもの」でなくていい。「人よりちょっと得意」なだけで、希望を失わずに生きていける。

☆ 才能があっても、好きでなければ続けられない。

☆ 「どうがんばっても楽しくないこと」「元気がなくなってしまうこと」を、いつまでも続ける必要はない。

☆ 人とくらべて凹むより、自分でコントロールできる自分の人生を、これからどう創っていくかを考える方が楽しい。

☆ 理屈に頼りすぎず、心の声に従っていくと、希望が見つかる。

☆ ほめられてうれしいこと、うれしくないことがある。「うれしいこと」こそ、自分らしさの鍵になる。

☆ 成功した体験の中に、「自分らしさ」のヒントがある。

☆ 憧れの人のマネをするのは、自分を好きになるために効果的。

☆ 「できること」より「やりたいこと」を選ぶ。

この章で気づいた"希望の芽"

5章

〝小さな目標をクリアする〟という近道を進もう

「目標をクリアする」をくり返す力

人は、深く傷ついたとき、希望どころか、何の目標も持てなくなるものです。

「今は、何かにチャレンジできるような気分じゃない」

「私なんて、もう何をやってもダメだから」

と考えてしまうからです。

そんなときは、無理に立ち上がる必要はありません。

「つらかったね」「大変だったね」と自分の悲しみを受け入れて、落ち込んでいる自分を許してあげる時期も、必要です。

悲しみを押し殺して、なかったことにしてしまうよりも、思い切り涙を流して、悲しみを味わい尽くした方が、早く気持ちを切り替えることができるという人の話もよく聞きます。

しかし、つらいからといって、その場にずっと立ち止まっていても、未来は変わりません。

いつか、「今日からは顔を上げて生きよう」と自分に宣言すべき日が来ます。

そして、心の中のマイナスのエネルギーを減らし、プラスのエネルギーを増やす生活を始めると、身のまわりにうれしいこと、楽しいことが少しずつ訪れるようになります。

プラスのエネルギーがプラスの出来事を引き寄せ始めたのです。

そうなると、自分自身でも、「この頃、少し元気が出てきたな」と感じる場面が増えてくるでしょう。

小さな目標を立てて、それを達成することを繰り返すことで、心にプラスのエネルギーをスピーディに増やすことができます。

目標を立てることには、リスクもあります。

目標が叶わなかったときに、また落ち込んでしまうということです。

しかし、勇気を出してもう一度チャレンジしてみましょう。それを達成できたときの充実感は、その先で必ず、希望につながります。

悲しみのあと、また目標に立ち向かう意義は、大きいのです。

「きっとできる」と信じるコツ

何か目標を見つけたとしても、

「こんなことをして、どうなるんだ。本当に役に立つのだろうか」

「もしかしたら失敗するかもしれない。だとしたら時間のムダだ」

という**疑念を持っていると、どんなことも身につかないで終わってしまいます。**


パソコン教室でインストラクターをしている女性に聞いた話です。

彼女は主に中高年層の指導をしているのですが、パソコンを習いにくる人には二通りのタイプがいるというのです。

一人は、「自分はまだまだ若い。周りからは、今からパソコンを習っても無理だと言われるが、努力すれば十分にマスターできる自信がある」とやる気がある人。

もう一方は、「パソコンができなければ、若い連中にバカにされるから」という理由で教室にやってくるのですが、心の底では「この年でパソコンなんてできるようになるわけがない」とあきらめ半分の気持ちを抱いているタイプです。

さて、この人たちですが、その後のパソコンの上達の仕方がまったく違うというのです。「自分はできる」というやる気のある人は、イキイキとした表情で講義に耳を傾けます。そして、わからないことは質問してくるので、次の講義のときには習ったことが一通りできるようになっている。それに比べて「できるわけがない」とあきらめている人は、学ぶ意欲が見られず、途中で挫折して教室をやめてしまう人が多いそうです。


このように、目標を見つけたとしても、やる気がなければどうにもなりません。

同じ始めるならば、やる気が出てからスタートするか、心からやる気が出ることが見つかるまで、目標を探すことに時間をたっぷりかけたほうがいいのです。

結局、途中で挫折してしまえば、かえって自信を失ってしまい、希望が見えなくなってしまいかねません。

「きっとできる」という希望が持てなければ、本当の目標とは言えないのですから。

「無理」、「ダメ」と決めつけない

目標に向かってチャレンジするときに、口に出してはいけない言葉があります。

それは、**「無理」「ダメ」「できるわけがない」**といったような否定的な言葉です。

「このプロジェクトは魅力的だけど、今の私の能力ではとても無理です。実行できるわけがありません」

「歌手のオーディションに合格するなんて難しいこと。はじめから私にはダメなことはわかってる」

もちろん、そう言うには、それなりの理由があると思います。

「今の自分では部下を統率できる力がない。一人で頑張ればできるプロジェクトではないから、成功は望めない」

「私レベルの歌唱力の子はたくさんいる。オーディションに行くのも恥だわ」

しかし、それでも、目標があるならば、チャレンジしてみる前から「無理」、「ダメ」と決めつけないことです。

なぜなら、**否定的に考えた途端、「やってやるぞ」という意欲や「きっと大丈夫」という希望まで消えてしまうからです。**

プロジェクトを任されたということは、上司から能力を認められている証拠とも言えます。一生懸命指導すれば、部下だってついてきてくれるかもしれません。

オーディションだって、実際に受けてみなければわかりません。思いのほか、いい成績を残せることだってあるでしょう。

「無理」、「ダメ」という言葉を使えば、自分で自分の可能性にフタをしてしまっていることになります。

否定的な気持ちを抱えながら、目標を見つけ、チャレンジしたとしても、前途を切り開いていくことはできません。

「プロジェクトを担当したい」「オーディションを受けたい」という自分の気持ちを肯定的に受け止めて、応援してください。

それだけで、「私にもできるかもしれない」と希望が生まれるのです。

ファンタジーマップで目標を明確にする

目標を立てても、コツコツと努力するのが苦手で、すぐにあきらめてしまうという人がいます。

そういう人におすすめしたいのが、ファンタジーマップを作ることです。

ファンタジーマップとは、雑誌の切り抜きや写真などを使って、自分の目標を目で見てすぐにわかる形にまとめたものです。

脳は、言葉を見たり聞いたりするよりも、視覚から情報を得た方が多くの影響を受けます。

「がんばるぞ」と自分に言い聞かせるよりも、「この目標をクリアできたら、こんなにハッピーな未来が待っている」というイメージを視覚から頭に焼きつけた方が、やる気もわいていています。

ファンタジーマップの中身は、人それぞれです。

一般的なのは、画用紙に「将来こうなっていたい自分の姿」や「目標をクリアしたらやりたいこと」などに関連する写真や切り抜きなどをどんどん貼っていくやり方です。

ポイントは、それを見るたびにワクワクして、「目標に向かってがんばろう」と思えるものにすることです。

また、できるだけ頻繁《ひんぱん》に目に触れるようにすると、効果が高まります。


ある会社員の男性は、「英会話を身につけたい」という目標を持っていました。しかし、なかなか勉強がはかどりません。

そこで、ファンタジーマップを作り、そこに大好きなニューヨークの街の切り抜きや、外国人と楽しそうにしゃべっている自分をイメージしたイラストを描きました。

それを携帯電話の待ち受け画面にして、毎日、何度も目に触れるようにしたら、それまでは途中で投げ出してしまっていた英会話の勉強を楽しく続けられるようになりました。

ファンタジーマップが、彼の希望を支えてくれているのです。

「もう遅い」を言い訳にしない

新しい目標を見つけるのに、遅すぎるということはありません。

江戸時代に伊能忠敬《いのうただたか》という人がいました。日本で初めて正確な「日本地図」を作り上げた人です。

土地の観測技術が発達していなかった当時、日本全体の地図を作り上げるというのは、途方もない大変な作業でした。北海道から九州まで、海岸線を自分の足で歩きながら測量していかなければならなかったのです。

この大事業を成し遂げるのには、十七年の歳月がかかりました。

しかし驚くべきことは、その年月ではなく、忠敬がこの大事業を始めたときの年齢です。なんと、五十六歳になってからのことだったのです。もともとは役人だった忠敬は、仕事を定年でやめてから、日本地図を作り始めたのです。

この時代の「五十六歳」というと、平均寿命が延びている現代で考えれば、恐らく八十歳を過ぎていると思います。そんな年齢になってからでも、あれだけの事業を成し遂げることができたのです。

私たちは、新しいことをしようとするときに、
「もう、こんな年齢だから、チャレンジしても遅いよ」
「若いころのようにはいかないよ。体力も行動力も衰えているから」
といったように、年齢に対して不安を持ってしまいます。

しかし、伊能忠敬の話からもわかるように、目標を見つけて行動するには年齢は関係ないことがわかります。

三十歳、四十歳くらいで「もう遅い」などと言っていてはいけません。

「思い立ったが吉日」ということわざの通り、目標は見つけたときが実行に移すベストタイミングなのです。若いか年を取っているかは問題ではないのです。

目標を見つけるとき、自分の年齢が気になってしまったら、伊能忠敬のことを思い出してください。「私なんてまだまだ」と希望が湧いてくると思います。

目先の目標と「人生の目標」の違い

目標を見つけて、行動してはみたものの、目的意識がしっかりしていなかったために、途中で目指すべきものを見失って右往左往してしまう人がいます。

ある青年の話です。彼は高校時代、いわゆる不良少年でした。学校をサボり、悪いことをしては両親に迷惑をかける子どもでした。

勉強もまじめに取り組んでいなかったため、大学受験に失敗してしまい、しばらくは何もせずに遊んで暮らしていましたが、あっという間に生活するお金が尽きてしまい、仕方なく不動産の会社へ就職しました。

しかし、その会社はほとんどが大学出身者ばかりで、高卒の彼は、ことあるごとに、「なんで君は高卒なのに、この会社に入れたの？　俺たちはきちんと大学で勉強して、教養を身につけてきた。それなのに、君はロクにものを知らない」

とバカにされたのです。

もともと負けず嫌いの性格だった彼は、「同期の誰よりも早く係長に昇進する」という目標を持ちました。それからというもの、意欲的に仕事に取り組み、新聞やビジネス書を読みあさり、教養を身につける努力をしました。

その結果が実を結び、入社から五年というスピードで最年少の係長になることができたのです。彼は「自分だって、やればできるんだ」と自信を持ちましたが、そこで燃え尽きてしまいました。

「出世する」という目標は達成できたのですが、そこから先の目標を見つけることができずに、生きる張り合いを失ってしまったのです。

彼には、目先の目標はあっても、「人生の目標」がなかったのです。目先の目標は、いわば「人生の目標」を達成するための手段でしかないのです。

彼の場合は、「同期より早く出世する」という目標よりも、もっと大きな、先の人生を見すえたような目標を持って、頑張るべきだったのです。

この順番を間違えると、途中で人生に迷い、希望を持てなくなってしまうのです。

人の役に立つテーマを考える

前項で、目標を見つけるには、目的意識をしっかり持つことが大切だ、ということを述べました。

しかし、**目的意識の持ち方自体を間違えてしまうケースもあるのです。**

ある経営者の話をしましょう。

彼には、若い頃から、自分の会社を設立し、お金持ちになるという目標がありました。

大学を卒業し、何年かサラリーマン生活を送り、その間にも起業のための勉強や人脈づくりに励んでいました。

三十歳になる頃に、勤めていた会社を退職しました。起業のチャンスをつかんだのです。

そして、幸運にも、彼が手がけた商品は大ヒットし、多額のお金を得ることができました。

その後も、商品は順調に売れていましたが、ここ数年、さっぱり新商品が発売されないのです。彼はこう言いました。

「会社をつくって、商品がヒットしたまではよかった。でも、たくさんのお金がたまって、気付いたことがあった。僕はどうしても経営者になりたかったわけではなかった。ただお金儲けをしたかっただけなんだ。そして、実際にお金持ちになってみたら、新しい商品をつくる意欲がなくなってしまった」

つまり、「お金持ちになる」という目標を叶えてしまい、今後どういう目標のために頑張っていけばいいのかわからなくなってしまったのです。

もし、彼が「商品を開発して、多くの人の生活の役に立ちたい」という目標を持っていたら、状況はだいぶ違っていたでしょう。

できることなら目標は、「自分だけよければいい」というものではなく、人の役に立つもの、人に幸せを与えるものを考えたほうがいいのです。

「社会に対して、役立つことをしている。自分はいいことをしている」という自信も生まれて、途中で希望を見失うこともないのです。

〝小さな一歩〟を踏み出すために

希望にあふれた未来は、待っていて自然に生まれるものではなく、自分の心をプラスのエネルギーで一杯にすることで、引き寄せることができるのです。

「昔も今も、自分には何の希望もない」という人は、現在の生活スタイルが、プラスのエネルギーを生み出しにくくしていると考えられます。

そういう人は、「昨日まで、やっていなかったこと」を生活に取り入れるといいでしょう。

それが難しいなら、**「やりたいけど、ずっと迷っていて、まだ始めていないこと」を思い切って始めてみることがおすすめです。**

忙しい毎日の中で、決断を先延ばしにしていることが、誰にでもあるものです。その迷っていることに、思い切って飛び込みましょう。転びながらでも進んだほうが、心は喜ぶはずです。

「やったほうがいい」とわかっているのに、その場に踏みとどまってしまうのは、たいていの場合、何かを失うことを恐れているからです。

恐怖を感じることは、決して悪いことではありません。

なぜならそれは、新しい世界がひらける一歩手前にいる証拠だからです。

言いかえれば、失う恐怖とは、新しい自分に生まれ変わるための通過儀礼のようなものです。

不安なときは、一人で静かな場所に行って、自分の心に問いかけてみてください。

「このチャレンジは、私が本当にやりたいことだろうか？」

心の奥から、「やりたい」という返事が聞こえてきたら、今度は、そのチャレンジが成功したシーンをイメージしてみましょう。

そのイメージの中の自分は、笑っているでしょうか？　幸せそうでしょうか？

イメージを続けているうちに、心がワクワクしてきたでしょうか？

心がワクワクするなら、迷っても、怖くても、そのチャレンジはやってみる価値があるものだといえます。

できそうなところから設定する

目標を見つける上で大切なのは、「自分ができそうなことを考える」ということです。

たとえば、趣味でマラソンをしている人が「よし、僕もオリンピック選手くらいのタイムで、42・195キロを完走してみせる」という目標を持ったとしましょう。

しかし、オリンピック選手というのは、毎日たくさんの練習をして、競技に挑んでいるのです。一般人の私たちが同じタイムで走るのは到底不可能なのです。

どう考えても到達できないような目標を持つと、理想と現実のギャップに苦しむことになり、心の中に希望が生まれにくいのです。

ですから、目標を見つけるときは、まずは少し頑張れば手の届くような、達成可能な目標を持つことから始めるのがいいのです。

マラソンを完走するにしても、最初は5キロを完走することからスタートします。5キロを走ることぐらいなら、多少練習すれば、たいていの人はできるはずです。

そして、5キロを完走できたら、その次に、「10キロを完走できるようになるまで頑張ろう」という目標を定めるのです。

10キロを完走できたら、その次には15キロ、その次には20キロと、その目標をだんだん高めていきましょう。

そうすることで、一歩一歩無理なく、目標に近付いていけます。


「目標を見つけて行動しているのに、どうもうまくいかない」

「目標を見つけても、達成する自信がない」

と思っている人は、自分の目標が現在の自分からあまりにもかけ離れていないか、確認してみてください。

そして、**「無理があるな」と思ったら、小さな目標に変えましょう。**

自分の力でも十分に「できる」と思える目標を設定して、それを着実に進めていくという方法を取ったほうが、チャレンジを楽しみながら続けることができます。

子どもの頃の夢に原点が眠っている

目標は、自分の心がワクワクするもの、考えただけでもうれしくなるものを見つけるのがベストです。

なぜなら、人はワクワクしたり、喜んだりする体験をたくさん持つことによって、人生に希望を持って生きることができるからです。

では、どうしたら、ワクワクするような楽しい目標を見つけることができるでしょうか？

その答えは、**子どもの頃の夢を思い出してみる**ということです。

子どもの頃は誰でも、好奇心が旺盛だったと思います。

夢を口に出すときも、それが「実現できるか」、「できないか」という余計なことは一切考えません。

「学校の先生になりたい」

「パイロットになりたい」

などと、自分の思うままに大人に伝えてきます。

一方、大人になると、夢を語るにも、

「こんなことを言ったら、周りの人に笑われるのでは？」

といったふうに、どこか遠慮がちになるものです。

子どもの頃、純粋に憧れたものには、大きな可能性が秘められています。

それが、成長していくにつれ、両親や先生から「君にはそれは向いていない」という言葉をかけられて、希望を失ったり、友達の影響で他のことに興味が移ったりして、忘れ去られていくのです。

目標を見つけるには、ワクワクするイメージが必要不可欠です。

「そんなに世間は甘くない」と自分で自分の可能性をつぶしてしまうと、希望も一緒にしぼんでしまうのです。

子どもの頃の純粋な心を思い出すことで、心の中をプラスのエネルギーで満たしましょう。眠っている好奇心を掘り起こして、新たな希望を見出すのです。

イメージトレーニングでやる気をキープする

スポーツ選手や歌手など、一流のプロの世界で活躍する人たちは、「イメージトレーニング」を上手に利用しています。

元巨人軍の長嶋茂雄さんは、次の自分の打席がめぐってくるのを待っている間、相手方のピッチャーの投球をじっと見つめながら、「その球をヒットする自分の姿」をイメージするのを心がけていたそうです。

すると不思議に、実際に打席に立ったとき、先のイメージ通りにいいバッティングができたといいます。

長嶋さんだけでなく、たとえば歌手のフランク・シナトラ、実業家のヘンリー・フォードなども、自分が「舞台で拍手喝采を受けている姿」、「事業で大成功をおさめた姿」を心の中に描く習慣を忘れなかったといわれています。

彼らが、イメージトレーニングを実践するのは、心の中にプラスのエネルギーを増やすためだけではありません。

「成功しなくてはならない」という大きなプレッシャーから来る不安感を捨てるためでもあるのです。

どんなに一流の人間でも、「失敗したらどうしよう」と悪いほうへ考えてしまうことはあります。

よく「スランプにおちいる」といいますが、不安がどんどん強まっていき、希望がまったく見えない状態になると、これまで自然にできていたこともできなくなるという悪循環にはまってしまうのです。

だからこそ、**半ば強引にでも「自分にはきっとできる」「明るい未来がやってくる」とイメージすることで、確固とした自信を植え付けているのです。**

どんなときでも希望を信じて生きていくために、イメージトレーニングは最適です。

時間や場所を選ばずできる上に、お金もかかりません。

イメージトレーニングで、心にプラスのエネルギーを増やしましょう。

“ギブ”が“テイク”を上回ったとき、人は幸せになる

「こんな人生が送りたい」

「五年後にはこうなっていたい」

という明確なものがない人は、生きていく張り合いを失ってしまいがちです。

しかし、そういう人たちも、本当は何か一生懸命に打ち込める「人生の目標」を持ちたいと願っているはずです。


そんな人におすすめなのが、**人を助ける仕事**をすることです。

はたらくは、「傍《はた》」を「楽《らく》」にするからきている言葉だそうです。

つまり、本来、働くことは、「周りを楽にする＝幸せにする」という意味を持っているのでしょう。

人は、誰かのために自分の力を貸して喜んでもらえると、本能的にうれしさを感じる生

き物です。

特に、「自分が好きなこと」や「得意なこと」で人の役に立てると、自分の存在価値を認められたような気がして、心にプラスのエネルギーが増えます。

ある人は、**「人生で人に与えるエネルギーが、人からもらうエネルギーより多くなったとき、その人の人生は豊かになる」**と言っています。

誰かのために働くことは、そのための第一歩といえるでしょう。

もちろん、いきなり「受け取る量を減らして、与える量ばかりを増やす必要はありません。

まだ本来の元気を取り戻していないのに、無理をして、自己犠牲的になってしまっては意味がありません。

まずは、受け取る量が49だとしたら、与える量が51になるくらいを目指しましょう。

最初は、それで充分です。

目標にこだわりすぎず、人のためにできることをしていれば、心にプラスのエネルギーが増えて、希望が目の前にやってくるものなのです。

5章のまとめ

☆　つらいときは、無理に立ち上がらなくていい。「小さな目標を立ててクリアすること」をくり返すだけで、だんだん希望がわいてくる。

☆　ファンタジーマップを作って、目につくところに貼《は》る。

☆　新しいことを始めるのに、遅すぎるということはない。

☆　目先の目標は、人生の目標をかなえるための手段。目先の目標しか持っていないと、希望を持てなくなりがち。

☆　「お金持ちになる」を目標にすると、儲《もう》かったら目標がなくなってしまう。「人の役に立つこと」「人を幸せにすること」を目標にするのが理想的。

☆　「やりたいけど、忙しくてずっと始めていないこと」を、始めてみよう。

☆　いきなり高すぎるハードルを目指さないほうが、希望が生まれやすい。

☆　アスリートのようにイメージトレーニングをして、不安やプレッシャーに強くなる。

☆　自分ができる範囲で、人を助ける仕事をする。

この章で気づいた"希望の芽"

6章

ブレない希望は〝謙虚な自信〟が集まってできている

「心配より行動」が希望の芽になる

結婚や就職、引っ越しなどでこれまでの生活環境を大きく変えなければならないとき。大きな責任を背負わされるような仕事を任されたとき。

そのようなときには、「大丈夫。きっとうまくいく」という希望より、「どうしよう。本当に自分は大丈夫だろうか？」という不安の方が大きくなるものです。

ある柔道の選手がこんなことを言っていました。

対戦相手が決まり、試合日程も決まる。それからは寝ても覚めても、不安の日々の連続だというのです。

「負けたら、どうしよう。徹底的に打ちのめされて、観客の前にみじめな姿をさらすことになったらどうしよう」

という不安で頭の中がいっぱいになるそうです。

試合の日が近づくにつれて、どんどん不安は大きくなり、何度も逃げ出したい気持ちにかられる。しかし、不思議なことに、いざ試合となり相手の前に立てば、そんな不安は一瞬のうちに吹き飛んでしまうというのです。

なぜなら、試合が始まれば、現実に、目の前に対戦相手がいるのですから、もう「どうしよう」などと考えている暇などなくなってしまうからです。

あとはその相手に勝つために、夢中になって手や足を動かすしかありません。体を動かすことに精一杯になって、不安に頭を悩ますことなどできなくなってしまうのです。

大切なのは、行動するということです。

結婚するのが不安でも、とにかく結婚生活を始めてみるのです。

仕事を任されて不安だったら、目の前のことに没頭して汗を流してみるのです。

「やってみる」以前の不安というのは、いわば「取り越し苦労」が多いものです。

いざ行動してみたら、「なんで自分はこんなことを心配していたのだろう」と気付かされます。

行動するだけで、小さな達成感は生まれます。それが希望の芽となるのです。

失敗してもネガティブにならない習慣

ちょっとした失敗で、「私は何をやってもダメなんだ」と、すぐに希望を失ってしまう人がいます。

パナソニックの創業者で「経営の神様」と言われている松下幸之助さんは、こんな言葉を残しました。

「仕事でつまずくことを恐れてはいけない」

松下さんは、「提案した企画が、会社の上層部からすんなりと認められなかった。売り上げが、予想外に伸びていかない。思わぬアクシデントに見舞われる。そういったことは、どのような仕事であれ、一つや二つ起こり得ることである。だから、失敗などと考えてはいけない。むしろ、このような『つまずき』に見舞われたときには、自分は成功に一歩近付いたのだと考えよう」とも言っています。

確かにこう考えることができれば、もう失敗は怖くなくなるでしょう。

失敗すればするほど、成功に近付いているのですから、むしろ、失敗の数が多ければ多いほど、希望が持てるような気さえしてきます。

ですから、たとえ情けなくなるような失敗をしたとしても、「これ以上頑張っても意味がない」と泣き言を言っていてはいけないのです。

「最初からうまくいったら、面白くないからね」

「貴重な体験をすることで、少しずつ希望に近付いているよ」

「この試練によって、自分は強くなれる。今度は失敗しないように工夫しよう」

失敗しても、そんなふうに考えられるようになったら、心にマイナスのエネルギーが入り込む隙間《すきま》はありません。

そして、プラスのエネルギーが増えれば、そのエネルギーが成功を呼び込んでくれるのです。

電球の発明に千回以上失敗して、成功に辿《たど》りついたエジソンは、「失敗は成功の母」という言葉を残しました。

「失敗」を小さな達成感に変えていくには、自分の体験をすべて肯定的に捉えるクセを持つことです。それこそが、希望を生み出す秘訣《ひけつ》です。

「器用なのに大成しない」にならないために

「自分は不器用な人間だから」と自分に希望を持てないでいる人がいます。「器用な人を見ていると、うらやましくてしょうがない。それに比べて、自分は人が一度で覚えられること、できることであっても、何度もやらなくてはうまくいかない」と落ち込んでいます。

しかし、発明王エジソンは必ずしも「器用な人生」を送った人ではありませんでした。知っている人も多いかもしれませんが、エジソンは小学校をまともに卒業することができませんでした。

授業中に、いつもボーッとしていて先生の話を聞いている様子がないので、「あの子は知能の発達が遅れているのではないか」と、よからぬウワサを立てられてしまったほどです。

そして、それが原因で学校を退学することになったのです。その後、エジソンは科学の知識などをすべて独学で学んだのです。

それでも、彼は数多くの偉大な発明をし、億万長者になることができました。

その成功の裏には、コツコツと努力を積み重ねていく「粘り強さ」があったのではないでしょうか。

ある大工の棟梁《とうりょう》もこんなことを言っていました。

「手先が器用で、たいしたことを教えなくても技術が上達していく子は、一見将来有望のように思えるが、実はそうでもない。**器用な人間ほど、自分へのうぬぼれが生まれ、努力することをやめてしまうからだ**」

一度でうまくいかないことであっても、「うまくなりたい」一心で、何度も繰り返しチャレンジすれば、大きな成果を上げられる可能性はあります。

ですから、「要領が悪いから」「不器用だから」などという理由で、希望を持つのをあきらめないでください。

小さな努力は、あなたを裏切ることは決してないのですから。

「失敗を恐れる心理」が招く意外な行動

希望を育てていくには、失敗を恐れていてはどうしようもない、と述べました。

ただ一つ注意しておきたいことがあります。

それは、挑戦することはいいけれど、初めから成功が到底期待できず、失敗が目に見えているような、無謀な経験ばかりする必要はないということです。


心理学に、こんな実験があります。

まず大学の学生を集めて、面談を行います。この面談は、学生たちの「自意識」を調査するものです。普段の学校の勉強に、自分がどの程度自信を持っているか、それともあまり自信がないのか、判断するのです。

次に学力テストが行われます。試験では、二種類の問題用紙が配られます。

一つは、かなり学力が高くないと解けないような難問ばかり、もう一つは、平均的な学力が備わっていれば、比較的に簡単に解ける問題が中心のテストです。

学生には、「どちらのテストを受けるかは自分で決めてください。学力に自信がある人は難しいほうを、そうでない人は、やさしいテストを選んでください」と伝えます。

さて、その結果、興味深いことがわかりました。

先の面談で**「自分の学力に自信がない」と答えた学生ほど、難問ばかりのテストを選ぶ傾向が強かったのです。**

これは「失敗を恐れる心理」が関係していると思われます。

「もし、簡単なテストを選んで、悪い成績を残してしまったら恥ずかしい。それならば、難しいテストを選んでしまえば、悪い点数を取っても『普通の大学生には、こんな難問はムリだよ』と言い訳ができる」

自信のない生徒は、このように考えたのでしょう。その結果の行動で、自分の学力ではできそうもない「無謀な経験」を自ら選んでしまったのです。

このように、人は**失敗したときに恥ずかしくないように、わざと本当の目的とは違う大きな目標を掲げることがあります。**

人目なんて気にせず、本当にやりたいことを目標にしましょう。

「100％の自分」なんて目指さない

自分への欲求水準が高すぎるために、希望が持てないでいる人がいます。

いわゆる、エリート意識が強い人に多く見られます。

「仕事はどんなことでも、きっちりとこなさなくてはならない」
「恋人の前では、いつでもかっこよくしていなくてはならない」
「仕事もできて、プライベートも充実していて、誰からも好かれる存在でなければ、生きている価値がない」

このように、エリート意識が強い人は、「自分は特別な存在でいたい」、「自分は周りの人よりも抜きん出ていたい」という気持ちが旺盛です。

ですから、ちょっとした失敗をしたり、自分に満足できないことが起きたりすると、すぐに絶望的な気持ちになって、自分のことが嫌いになっていくのです。

しかし、よく考えてみてください。

どんな人でも人生、いいときもあれば、悪いときも必ずあるのです。

それと同じで仕事もプライベートもと、すべてに万能である人など、まずいません。

ほとんどの人が、仕事はできるがプライベートはイマイチ、プライベートは楽しんでいるけど仕事の能力は低い、といったような人ばかりです。

向上心を持つことはいいことです。

しかし、その向上心のせいで、希望を持てずにつらい思いを抱えて生きていくのは、あまりにももったいないことです。

第一、「いつも、自分は完璧でなければならない」と神経をピリピリさせながら生活していくのは、精神的にとても疲れるものです。

人生は100点主義ではなく、70点から80点主義でいいのです。

希望をつくるには、自分への欲求水準を下げることも必要です。

自分への欲求水準を下げるということは、肩肘を張らずに「自然体で生きる」ということです。そんな自分に誇りを持てれば、希望も一緒についてくるでしょう。

やりたいことを絞り込む

小さな達成感を得るためには、何かを始めようとするときに「あれも、これも身につけたい」とたくさんのことに手を出さないほうが賢明です。

なぜなら、欲張りすぎると、結局どれも身につかずに、「どうせ、私なんて何をやってもダメなんだ」と、かえって希望を失うことにもなりかねないからです。

今はカルチャーセンターが、とても盛況です。

主に主婦の人や定年後の人たちに人気があるようです。あるカルチャーセンターで受付をしている人からこんな話を聞いたことがあります。

「何か新しいことを始めよう」「勉強して、知識を広げよう」と前向きな気持ちでカルチャーセンターへ入学してきても、途中でやる気をなくしてしまって、何一つ身につかないままやめてしまう人が、案外多くいるというのです。

そして、そういう人たちには、ある共通した傾向があるそうです。

「私はフラワーアレンジメントも始めたい、書道も習いたい、ウクレレも弾けるようになりたい、源氏物語についても詳しくなりたい」

こんな感じで、最初からあれもこれもたくさんの講座を受講する。それで、結局どれも中途半端になって、嫌気が差し、教室に来なくなってしまうそうです。

ですから、その受付の人は、入学希望者には、

「何か一つ、やりたいものを絞って、そのことに集中するほうがいいですよ。その他にやりたいことがあるなら、まず最初のものをしっかりと身につけて、それから別のものを習い始めるほうがいいですよ」

とアドバイスすると語っていました。

せっかく前向きな意欲があっても、一気にたくさんのことを始めてしまったら、集中力が分散されてしまい、どんなことも身につかなくなってしまいます。

やりたいことを絞り込んで、その一つに集中すれば、小さくても確実に達成感を味わうことができます。そして、それが希望へとつながっていくのです。

「これまで実行してきたこと」を書き出す

チャレンジを始めた人が挫折してしまいそうになるとき、その原因は失敗だけとは限りません。

失敗はしていないけど、「ここまで進んだ」という成果が見えないと、行動することに空しさを感じて、希望を見失ってしまうことがあるのです。

「税理士になるための勉強をしているのに、全然進んでいない」
「新しい事業を始めたけれど、経費がどんどん出ていってしまう。このままでは大赤字だ」

ネガティブな感情で心がいっぱいになったとき、冷静な気持ちを取り戻すために、こんな方法を試してみてください。

それは、**これまで自分が実行してきたことを紙に書き出す**という方法です。

勉強が進んでいないように感じていたら、

「平日は3ページ、土日は5ページずつ問題集を解いてきた」

「通勤時間と休み時間は、ずっと教科書を読んでいる」

などと書き出してみると、はじめの頃からしたら、もう問題集の半分以上勉強したことに気付き、「これからも頑張ろう」と希望が湧いてくるかもしれません。

赤字が膨《ふく》らんで不安になったときも、

「赤字だけど、資本金はまだ150万円残っている」

「今すぐお金は入らないけど、毎月5万円ずつ売り上げは伸びている」

という事実を書き出してみることで、「まだまだ焦ることはない。あきらめないで続けていこう」と勇気が持てるかもしれません。


できれば、落ち込んだときに、いつでも見返せるよう、ノートや手帳にまとめておくことをおすすめします。

これまでの成果を目に見えるようにしておくと、「少しずつだけど、ゴールに向かって進んでいるな」と確認できるので、達成感が得られやすくなります。

そして、挫折や不安を防ぎ、希望も感じやすくなるのです。

〝心が喜ぶこと〟がわかりにくいときのヒント

「自分の心が喜ぶことがわからない」という人がいます。

小さい頃、親からあまりほめられなかった人や、

「○○ちゃんは、ピアノが上手に弾けるのに、あなたは下手ね」

「○○ちゃんくらい頭がよかったらいいのに」

というように、**人と比べられて悔しい思いをした記憶がある人は、自分にとってうれしいことが何かわかりにくい**という傾向があるようです。

その理由は、彼らがそれまでの人生で、自分以外の誰かのために、がんばってきた時間が長いからです。

「お母さんにほめられるため」

「○○さんより、いい成績をとるため」

そんな考え方で自分の行動を決めていると、自分の心のエネルギーの状態に鈍感になっ

てしまいます。

そういう人は、他人の評価で自分の価値観をはかるために、他人の言葉に一喜一憂することになり、心が疲れやすくなります。

人生は一度きりです。使える時間は限られています。

どうせなら、自分の心が喜ぶことをやりましょう。

これまで、漠然と毎日のスケジュールを決めた人は、もう一度、その予定を見直してみましょう。

「これは、そもそも、何のためにやっているのか？」ということを考えてみてください。

誰かのため、なんとなく、という理由で時間を割《さ》いていることがあるなら、その割合を減らしていきましょう。

そして、**「自分がやっていて楽しい」「人にほめられなくてもやりたい」と思えることとの時間を増やしていきましょう。**

自分の行動の意味を何度も自分に問いかけて、**余計なものをそぎ落とすうちに、忘れかけていた自然な笑顔が増えていくはずです。**

まわりの意見に惑《まど》わされない

自分の気持ちに正直に生きている人は、希望を育てるのが上手だといえます。

自分の心に、**絶望や後悔というマイナス感情が生まれるのは、周りの意見に惑わされて、自分の気持ちを抑えて何かを決断したとき、自分の希望に沿わないことをしたようなときです。**

この不況で、リストラにあった男性がいました。

彼はことあるごとに、「ああ、どうせ会社を辞めさせられるんだったら、あのとき辞めて独立しておけばよかった」と悔やんでいます。

今から三年ほど前のこと、親戚が会社を創設して新しく事業を始めることになりました。「できれば君にも手伝ってほしいんだ。役員として迎えるから、考えてみてほしい」と誘われていたのです。彼自身、「事業に加わってみたい」という希望も持っていました。

しかし、心の中に迷いが生じました。

「親戚だからといって、先の見通しもわからないような、そんな危なっかしい事業に加わって、もしうまくいかなかったらどうしよう。収入も途絶えて、家族が路頭に迷うことになるかもしれない。今勤めている会社は大手だし、このまま会社にいるほうが安全だ」

結局、彼は迷った末に、親戚の誘いを断りました。

しかし、その後勤めている会社の業績が悪化し、彼はリストラの対象となってしまったのです。

自分が本心からやりたいこと、こうしたいと思うことをしていれば、決して後悔は生まれないのです。

もし彼が、「親戚の事業に加わってみたい」という気持ちを押し殺さずに行動しておけば、たとえその事業が失敗したとしても、すがすがしい達成感を得られたと思います。

自分の意志を貫くことができたら、希望は必ず残ります。

謙虚な人ほど達成感を味わえる

負ける、失敗する、挫折する。そういう体験によって、私たちは「謙虚になる」ことができます。

謙虚な気持ちになって、自分の力の足りなさ、努力の足りなさ、勉強不足を反省し、「もっと頑張ろう」という気持ちが生まれるからこそ、何かを成し遂げたときに大きな達成感を味わえるのです。

もし、誰にも負けたことなどない、人生で一度も挫折したことなどない、という人がいるとすれば、その人は不幸なのかもしれません。

ある精神科医の報告によると、希望を失って自殺する人には、エリート街道をまっしぐらに生きてきた人が多いということです。

学校の成績はいつもトップクラスで一流大学を卒業し、一流の会社に就職し、まさに「挫折なき人生」の人が社会に出ます。

しかし、社会は厳しいものです。仕事で上司から叱られたり、プロジェクトで失敗をしたりして、悩んでしまうのです。

これまでに失敗や挫折を味わったことがなかったために、ささいなことを気にして、希望が見えなくなり「もう死にたい」という気持ちになるといいます。

彼らは、エリートである自分に自信を持っていたはずです。

しかし、自信を持ちすぎたために、かえってうぬぼれの気持ちが生まれてしまい、「自分はどんなことでもうまくいくに決まっている」と勘違いしてしまうのです。

こういう人は、たとえ成功したとしても、「成功するのは当たり前だ」という気持ちでいるので、達成感を得ることができません。

むしろ、仕事のやり方が下手で、上司からしょっちゅう怒られているような人のほうが、謙虚さを忘れずにいられる分、成功したときの達成感は大きなものとなるでしょう。

希望を育てるには、謙虚な姿勢を忘れないでいることが大切です。

6章のまとめ

☆ 「やってみる前の不安」の多くは、取り越し苦労。行動すれば、できてしまうことは多い。達成感も生まれる。

☆ 「失敗するほど成功に近づいている」と考えよう。

☆ 努力は決して裏切らない。
器用な人ほど努力を続けられない傾向がある。

☆ 理想が高すぎて希望が持てない人も多い。
「人生は 70 ～ 80 点主義がいい」と考えて、自分に OK を出せるラインを下げることも大事。

☆ これまでの成果を目に見えるようにすると、達成感を得やすくなる。

☆ 他人のために頑張ってきた人は、自分が本当に楽しいと思えることが何か、自覚しにくい傾向がある。

☆ 自分の意志を貫ければ、失敗しても後悔は残らず、希望が残る。

☆ 希望を長く育てるには、謙虚さが欠かせない。

この章で気づいた“希望の芽”

7章

それでも下を向きそうなときのヒント

タイマーをセットして悩む

「どんなに頑張ったとしても、今すぐには自分ではどうにもならないこと」が世の中には存在します。

その代表が、自分一人の問題ではなく、やっかいな相手がいる問題です。

ある証券会社に勤める女性は、「上司が難しい性格で、自分のことを評価してくれているのか、それとも嫌っているのかがわからない」と悩んでいました。

上司は、彼女に対して親切でもなく、かといって冷たく接するわけでもありません。そして、仕事上でトラブルになるようなこともありません。それなのに、彼女は上司が自分のことをどう思っているのかが、気になって仕方がありません。

多分、上司にとっては、彼女はごく普通の部下の一人で、それ以上でも以下でもない存在なのでしょう。

彼女は上司との間に何も問題が起きていないのに、「ああでもない、こうでもない」と悩んで、マイナスの感情をため込んでいるのです。

彼女の悩みには、何の意味もありません。いくら考えても、上司の思いを彼女が知ることはできないからです。

もし、悩んでいることが、このケースと同じように、「考えてもどうにもならないこと」、「変えようがないこと」ならば、悩むのをすぐにやめましょう。

それが難しいようなら、**「あと三十分だけ悩んだら、そのことを考えるのはやめる」と自分に宣言しましょう。**

そして、三十分たったら、その場を離れて、何か違うことを始めます。

例えば、書店に出かけたりカフェに出かけたりして、環境を変えると、気持ちを切り替えやすくなります。

そして、出かけた先では、ワクワクすることを考えましょう。**これまで悩んでいた分の時間とエネルギーを、未来の希望のために使うのです。**

「考えないほうがトクなこともある」と知る

物事が思い通りに進まないとき、人はその原因を探ろうとします。

「どうしてこんなことになってしまったんだろう?」

「誰が悪いんだろう?」

「どうして、こんなことになるまで、自分は何もしなかったんだろう」

そんなふうに理由を考え続けて、さらに落ち込んでしまったという経験がある人は多いのではないでしょうか?

これが、試験やビジネスの話なら、失敗を振り返って次に生かすことができます。

しかし、人間関係や恋愛のことなど、どうしようもないことは、原因を探ったところで、次に生かせるとは限りません。

それどころか、うまくいかなかった理由を考えるたび、そのときに感じた悲しさやつらさも同時に思い出して、心の中にマイナスのエネルギーを増やすことになってしまいます。

ですから、どうしようもないことで落ち込んだときは、**「悩まない方がトク」と考えることも重要です。**

とくに、落ち込みやすい人は、マイナスの感情の流れに飲み込まれないようにする必要があります。

一人でずっと悩みを抱えてしまうと、うつ病になったり、体調を壊したりする原因にもなってしまうからです。

人間にはバイオリズムがあります。

相手が不機嫌だったのは、相手のバイオリズムがたまたま下向きだったのかもしれません。自分の調子がずっと上がらないのも、それが今のバイオリズムだからかもしれないのです。

その悩みが自分ではどうしようもないことなら、「こういうときもある」と受け止めるのも一つの解決策なのです。

苦しいときはSOSを出せる人になる

限界のときに、「助けてください」と素直に言える人は、意外と少ないようです。

「もうこれ以上は一人でがんばれない」と思った時、SOSを出せる人とそうでない人とでは、その後の人生が変わってきます。

「周りに迷惑がかかるから、自分の力だけでなんとかしよう」と遠慮していたら、事態はますます悪化してしまいます。

すると、迷惑をかけたくなかった相手に、心配をかけることになります。実際に、被害を与えてしまうかもしれません。

人は助けられて育ち、支えられて前に進んでいけるのです。

「できるだけ一人でがんばってみよう」という気持ちは、もちろん大切です。

最初から、誰かに助けてもらうことを見込んで何かをするようでは、周囲からは一人前の人間として扱ってもらえません。

しかし、一人でできる限りの努力をしながらも、その裏では自分の弱さを自覚しておくことも忘れてはいけないのです。

そして、本当に大変なときには、「今回はどうしてもできそうもありません」「力を貸してほしい」と、正直に言える勇気を持つことも大切なのです。

そうでないと、心にはマイナスのエネルギーが増え続けて、あるとき、限界が来てしまいます。

そこまでいくと、立ち上がるまでに相当な時間が必要になってしまいます。

限界の一歩手前で、人の力を借りて、心に増え続けるマイナスのエネルギーをストップできるようになりましょう。

そのためには、普段から快く力を借りられる関係を、周りの人と築いておくことが大切です。

もちろん、まわりの人に助けを求められたら、逆に惜しみなく力を貸すことも大切です。

同じ苦しみを体験している人と話す

苦しいとき、人は「どうして私ばかり、こんな目にあうんだろう」と考えてしまいがちです。

そんなとき、**自分と同じような体験をした人が他にもいるという事実が、自分を励ましてくれることがあります。**

あるOLの女性は、子供時代に厳しい母親に育てられた影響で、「私はダメな人間だ」という強い思い込みを持っており、自分に自信が持てませんでした。

そのせいか、仕事や恋愛にも積極的になれず、毎日、ため息をついて暮らしていました。

そんな彼女を見て、おさななじみが「アダルトチルドレンの会」に入ることをすすめてくれました。

アダルトチルドレンとは、子供時代に大人に十分に甘えられなかったせいで、心にトラウマが残り、大人になってから人間関係などに問題を抱えている人たちのことです。

勇気を出してその会に参加した彼女は、自分と同じ苦しい子供時代を体験している人がたくさんいることに驚きました。

そして、自分と同じ体験をした人と話をするたびに、心がラクになるのを感じました。「自分だけが特別に不幸なわけではない。他にも自分と同じ苦しみを味わっている人がいる。でも、この人たちは悲しみを乗り越えて生きている」という事実が、彼女に勇気を与えたのです。


つらいこと、悲しいこととは一切関係なく生きていける人など、この世にはいません。でも、みんな、そこから立ちあがって生きています。

このように、苦しい時は「自分以外にも同じ体験をした人がいる」と知るだけでも、心が励まされるものです。そして、希望も見えてきます。

苦しくて仕方ないとき、一緒になって同じ体験を語れる人の集まるサークルなどに参加してみるといいでしょう。

淡々とやるべきことをして〝小さな自信〟をつみ重ねる

なぜかうまくいかない、といった日が、誰にでもあるものです。

そんなときは、職場や家庭内といった自分の持ち場で、自分のやるべきことをしっかりと、手を抜かないでやることに努めてみましょう。

多くの場合、求められていることは特別な難しいことではなく、基本的なことのはずです。

しかし、だからこそ、普段は「いい加減に」やっている人も多いのです。

例えば、頼まれた書類をキレイに、締切り前に仕上げて、提出する。

母親に頼まれていた台所の片づけものを、催促される前に仕上げる。

ワイシャツにアイロンをかける。

天気のいい日に布団を干して、シーツを洗う。

家の玄関の前を掃除する。

手紙をもらったままで、返事を出していなかった相手に、いつもより長い手紙を書いて出す。

そんなささいなことでも、気持ちを込めてやると、達成感で心にプラスのエネルギーがたまります。

誰もほめてくれなくてもいいのです。

「自分の役割をきちんと果たした」という事実が、自分の心に小さな自信を与えてくれるはずです。

希望を抱こうとしても、すぐにあきらめの気持ちがわいてきてしまうときは、このように、**日々の生活を丁寧に過ごす**ことから始めましょう。

そんなときは、無理に大きなチャレンジをする必要はありません。

目の前のことだけを、ひとつひとつクリアしていきましょう。

そうやって、小さな達成感を積み上げながら、プラスのエネルギーを増やしていくことで、少しずついつもの自分に戻れるでしょう。

開き直ることで、道がひらけることがある

開き直って、次の道に進むことが、結果的に希望を生み出すことがあります。

あるゴルフの選手がこんな話をしていました。

「不振におちいって何日も勝てないことがあると、いろいろな原因を考えて悩んでしまう。クラブの振り方が悪いのか、足の位置が悪いのか、集中力がなくなっているのか。だけど、いくら悩んでもいい結果が出ないときは、もう開き直るしかない」

さらに、**「開き直って、『どうにでもなれ』という気持ちでグラウンドに立つと、案外いい結果が出る。**

結局、あれこれ悩むよりも、いっそ開き直ってしまうほうがいい」というのです。

確かに、いつまでも「どうしよう、どうしよう」とうだうだ迷い続けると、心の中には

マイナスのエネルギーが増えてしまいます。

それを振り切るためには、現在の悩みを捨てて、スパッと見切りをつけたほうが、気が楽になることがあるのです。

見切りをつけたり、開き直ったりすることは、簡単なことのように見えて、実は難しいものです。

なぜなら、勇気を出して開き直ったとしても、必ずしも希望が持てるような未来が待っているとは限らないからです。

ますます大きな悩みを背負わなくてはならないかもしれない可能性だってあります。

それならば、現状にとどまっていたほうが失うものが少なくてすむと、たいていの人は考えてしまうのです。

しかし、先のゴルフ選手が悩むことをやめた途端、いい結果が出るようになったのは、**「勝たなくては」という執着心や打てない自分に対する怒りを、「開き直る」ことで手放すことができたからです。**

「開き直る」と決めたとき、心が解放された感じがしたなら、その選択は正解なのです。

少しずつ希望を見出していければいい

「楽しみながら生きていきたいのに、自分はいつも悩んでばかりいる」

「ふと気付いたら、マイナスなことを考えてしまい、時間ばかりが過ぎていく」

前に進んでいても、こんなふうに、自分に対して後悔の念を抱いてしまうこともあると思います。

しかし、「悩む」ということは必ずしも、悪い面ばかりを持っているわけではありません。

ある陶芸家が、こんな話をしていました。

「今までにずいぶんたくさんの作品を世に送り出してきました。つくるときは、いつも『これでいいのだろうか』と悩み続け、完成したとしても『これは100パーセント完璧な出来だ』と思えるような作品など一つもなかった」

どのような作品であれ、「これは失敗したな」「もっと、こうしたほうがよかった」と思うところが一つか二つ出てしまうというのです。

しかし、ふたたび作品に向かえば、また闘志が湧いてきて、「よし。今度こそ、いいものをつくるぞ」と誓うのです。

大切なのは、悩んで、後悔したとき、どのような行動を取るかということです。

ただ単に悩み続けて、立ち止まってしまうのか。

それとも、悩んでいることをバネにして、さらに自分を向上させようと考えるのか。

悩んでも、後悔してもいいのです。

「自分は一体、これまで何をしてきたんだ」

「自分は、これから何をすればいいんだ」

といった思いにとらわれることは、誰にだってあることなのです。

ただ、そこで終わってしまってはダメなのです。

先の陶芸家のように、前向きな意志さえあれば、悩むことで、より大きな希望を生み出す原動力にもなるのです。

悩んでも、少しずつ希望が持てさえすれば、それでよし、と考えましょう。

過去の自分を客観視してなぐさめる

ふとした瞬間に、つらかったときの記憶がよみがえってきて、いつまでも前を向く気になれない、ということがあります。

こういう場合、その人は、本当につらかったとき、思い切り泣けなかった、思い切り怒れなかったという経験を持っているものです。

例えば、ペットの犬を亡くして今でも落ち込んでいる女性がいました。

彼女はペットの犬が死んでしまったとき、つらすぎて死んだ姿を直視することができず、死体の処理や供養《くよう》はすべて獣医さんにまかせてしまいました。

本当は思い切り泣きたかったのに、

「私が泣いたら、あの子が天国にいけないから」

と言い、涙を流すのも我慢していました。

そして今でも、他の人が散歩させている犬を見ては涙をにじませ、ペットの写真を見ては、「あの子がいなくてさみしい」と落ち込んでいるのです。

この女性がなかなか立ち直れないことの原因に、悲しい気持ちや、寂しい気持ちを思い切り解放していないから、ということが考えられます。

本当は思い切り泣きたいのに、その気持ちを押し殺しているので、踏ん切りがつかず、前向きな気持ちになることができないのです。

この女性は、あまりにもつらい時期が続くので、カウンセラーに相談しました。

カウンセラーは、次のようなアドバイスをしました。

「悲しかったのに、泣かずに我慢した過去の自分を慰めてあげてください」

そう言われた彼女は、一番つらかったときの自分を思い出して、そのときの自分に、「本当に悲しかったね。寂しいよね。泣いていいんだよ」と声をかけました。

そして、ペットが死んで初めて、思い切り涙を流しました。

その日以来、彼女は少しずつ元気を取り戻し、半年後には、新しいペットを飼うまでになっていました。

このように、**押し込めていた過去の感情を解放することで、気持ちを切り替えられることがあります。**

あきらめて違う角度から幸せを探す方法もある

努力しても、すぐには成功の見込みがないというケースがあります。

そういう場合は、どこかではっきりと見切りをつけなければいけません。

「あきらめる」というと聞こえは悪いかもしれませんが、その方が希望を持って生きていく上で賢明なこともあるのです。


ある保険の営業パーソンがこんなことを言っていました。

顧客を訪問したり、電話をかけたりして、営業活動を行うわけですが、どんなに優秀な営業担当者でも、会う人、話をする人すべての人から契約をもらえるわけではありません。

一カ月歩き回ったとしても、二〜三件契約ができればいいほうだといいます。

ということは、残りのお客さんからは断られてしまうことになります。

ですから、「このお客さんは保険に興味がありそう」と思えるところでは熱心にセールス活動を行い、「ここは見込みがないな」というところは早々に見切りをつけて、新しいお客さんを開拓する努力をしたほうが効率もいいし、営業成績も伸びていくわけです。

実際、**成績のいい人ほど、見切りをつけるタイミングが抜群にいい**そうです。

逆に、なかなか成績が上がらない人は、見込みのないお客さんのところでも「買ってください」と粘ってしまう傾向があるそうです。

そういうふうに**労力をムダに使っているうちに、嫌気が差してきて、「自分は営業は向いていない」と希望を失ってしまうのです。**

人生には、100パーセントうまくいくということはないのです。

ですから、目標を達成できなくて、あきらめざるを得なくなっても、悲しむことはありません。そのときは、他のことに目を向けて、新しい目標を見つけて挽回《ばんかい》すればいいのです。

いつまでも同じ目標に執着するより、結果的に幸せになれればいいと考えましょう。

それが心にプラスのエネルギーを増やす一つのコツなのです。

「失ったものはもともと自分のものではなかった」と考える

失ったら困る大切なものは、たくさんあります。

がんばって働いて、必死でためたお金
苦労して手に入れた地位や名誉
ずっと欲しくて、ようやく手に入れた憧れの品物
自分を磨き、勇気を振り絞って告白して手に入れた理想の恋人
かけがえのない家族や友人

何か大切なものを失ってしまったとき、心にポッカリと大きな穴があいたようだ、という表現をします。

そう感じるのは、心に大きなマイナスのエネルギーが急激に増えると、マイナスのエネ

ルギーがブラックホールのようになって、心のあちこちに散らばっていた小さなプラスのエネルギーまで、残らず吸い取ってしまうからです。

そのブラックホールを、心の穴のように感じるのです。

そんな状態になると、心はプラスのエネルギーを増やせないので、落ち込んだ気分はどんどん大きくなってしまいます。

しかし、いつまでも落ち込んでいたら、希望を取り戻せなくなってしまいます。

そこから立ち直るためには、**「失ったものはもともと自分のものではなかった。自分は一時的にお預かりしていただけで、今は本来あるべき場所にお返ししたのだ」と考えるといいでしょう。**

「自分のもの」という所有意識があるから、「奪われた」「なくしてしまった」という悲しみや怒りが膨らむのです。

「預かっていただけ」と受け止めれば、「短い期間だけど自分の元に来てくれてよかった」と失ったショックは和らぎます。

そして、この考えを受け入れられると、「自分に必要なものは、また必要なタイミングが来たら与えられるはずだ」という未来への希望もわきやすくなります。

「自分の力ではどうしようもないこと」は神様に任せる

やるだけのことをやったら、「あとは神様にまかせよう」と考えましょう。

人生を航海にたとえたとき、大海で船を漕《こ》ぐのは私たち人間の仕事です。

先が見えずに怖くても、行きたい方向に向かって勇気を出して漕ぎ続ける人だけが、前に進めます。

ときには、その海を嵐が襲うこともあるでしょうが、その嵐をどうにかすることは、私たちにはできません。

その嵐は、船を漕ぐ私たちにとっては厳しい試練でも、本当は「そっちに進んではいけないよ」という神様からのメッセージかもしれません。

神様がどうして嵐を起こしたのかは、必死で船を漕いでいるときにはわかりません。

あとで、「あのときにあの風が吹いてくれたおかげで、大きな岩が出ている場所を通らないですんだ」とわかる日がくるかもしれません。

しかし、それはあとになってみなければ、わからないのです。

人生には、どうしようもない試練が訪れます。

そのときに、「どうせ、何をしたって無駄だ」と考えて、すべてに投げやりになってしまう人もいます。

しかし、嵐が自分たちの手でどうしようもできないからといって、船を漕ぐ手を休めてしまったら、目標とする場所にはたどり着けません。

苦しいときは、少し休んだっていいのです。

でも、ずっと休んでいてはダメです。

「なぜ、自分がこんな目にあったのかわからない」

「この先、どうなってしまうのだろう」

と思っていても、毎日、心にプラスのエネルギーを増やすことはできます。

大きな流れは神様にまかせて、自分は心にプラスのエネルギーを増やすことに努めましょう。

プラスのエネルギーで溢れた心には、必ず、希望が届けられるのです。

７章のまとめ

☆　考えてもどうにもならないことで悩まない。
　　それが難しければ、「30分悩んだら、考えるのをやめる」と決める。

☆　自分にも他人にもバイオリズムがある。「こういうときもある」と受け入れるのも一つの解決策。

☆　人は助けられて育ち、支えられて前に進んでいけるもの。
　　限界の一歩手前で人の力を借りるのは、恥ずかしいことではない。

☆　同じ経験をした人と話すと、力をもらえる。

☆　うまくいかないときこそ、目の前のことを淡々と、ていねいにやる。

☆　あれこれ考えるよりも、開き直る方がいいこともある。

☆　「見切り上手」になる。

この章で気づいた“希望の芽”

8章

〝希望のタネ〟に気づく心のメンテナンス

人からもケータイからも離れる時間をつくる

「今の自分にとって大切なことは何だろう」

「最近、迷っている例の件について、自分は本当はどうしたいんだろう」

静かに自分の心と向き合って、そのようなことを考える習慣を持つことは、希望を持つために効果的です。

現代人は常に忙しく、何かに追われています。

しかし、**いつも誰かと一緒にいると、それが家族や親しい相手であっても、少しずつストレスがたまります。**

なぜなら、どうしても相手に気を使ったり、小さなすれ違いで心が疲れたりすることがあるからです。

また、人と会っているといろいろな情報が入ってくるため、自分は「これでいい」と思っていた価値観が揺らいだり、どうしたらいいかわからなくなってしまったりすることもあります。

そんなとき、一人で自分の心と向き合い、自分の本心を知る習慣を持っておくと、ブレることがなくなります。

自分の本心は、わかっているようで、わからないものです。

特に他人に気を使う人は、本心ではやらない方がいいとわかっているのに、断りきれずに、あとで後悔するようなことがありがちです。

自分の心と対話する時間を生活に取り入れると、人から何かを言われて流される場面が減っていきます。

できれば、起きたときに目を閉じて、深呼吸をしてからこのような時間を持つといいでしょう。

自分のための貴重な時間なので、他人との交流ツールである、携帯電話は思い切ってオフにしましょう。

1日15分でもかまいません。自分に向き合う時間をつくることで、毎日を自分らしく送れるようになるでしょう。

自分に厳しすぎると希望は遠ざかる

自分の生き方を振り返って、「私には、こういう悪いところがある。こういう点を注意しなければ」と反省することは、とても大切です。

しかし、反省するにも限度があって、**度を越して自分に厳しくなりすぎると、希望をまったく感じられない人間になってしまいます。**

あるバレリーナの話を紹介しましょう。

幼い頃からバレエを習っていた彼女は、踊ることが楽しくて仕方がありませんでした。レッスンを受けることがちっとも苦痛ではなかったので、技術はどんどん上達していきました。

そして、高校を卒業してからはプロのバレリーナになる決心をしたのです。

さて、プロとして活動するようになってからのことです。

以前は踊ることがあれだけ楽しかったのに、だんだんと楽しくなくなり、むしろ苦痛にさえなってきたというのです。

「プロとしてお客さんからお金をもらって踊るからには、絶対に下手な踊りなど見せられない。そのためには、もっと踊りがうまくならなくては」

そう考えていた彼女は、体が疲れていて休みたいときにも、「プロなのに、こんなことでへこたれていてはダメ」と自分を厳しく責めるようになりました。

とにかく毎日のように、自分を激しく叱りつけていたので、そのうち「バレリーナをやめたい」とすら思うようになったといいます。

しかし、思わぬケガで休養を余儀なくされたときに、気持ちが変わりました。

「自分を責めてばかりでは、踊りに悪い影響が出ることがわかった。**自分が楽しい気持ちで踊ることが、お客さんに自然に伝わって、喜んでもらえるんだから**」

半年後に舞台に復帰した彼女は、以前にも増して踊ることの楽しさを実感できるようになり、人気も高まっているそうです。

自分を厳しく責めすぎると、自ら希望を消してしまうことになるので注意が必要です。

グチ、悪口をやめるだけで心は変わる

「言葉」は、心を左右する大きな要因になります。

そのため、毎日の自分の言葉使いを変えることで、心の中にプラスのエネルギーがたまりやすくなります。

あるコメディアンの話をしましょう。

彼には、たくさんの弟子がいます。無名だった頃に彼に見出されて、コメディアンとしての才能を開花させ、芸能界で大活躍している人も数多くいます。

それだけ、彼には人の才能を見抜く能力があるということでしょう。そんな彼が、弟子を採用するときに、一つ決めていることがあるといいます。

それは、「グチをいう人間は採用しない」ということです。

「グチを言う人間は成功する見込みが少ない。また、とかく人とトラブルを起こして、自

分からつぶれていってしまう」というのが彼の持論です。

なぜ、グチや悪口を言うと、自分からつぶれてしまうのでしょうか。

それは、グチや悪口を言うと、その人の心にマイナスのエネルギーが増えて、その人自身のツキを落とすからです。

そして、ツキのない人が芸能界で成功することはありません。そのために、そのコメディアンは弟子《でし》になりたい人たちが話す言葉を観察するのです。

この話から、私たちが学べることがあります。

それは、グチや悪口を言うのをやめるだけでも、心の中のマイナスのエネルギーが減るということです。

とくに、**思い通りにならないことが多く、うまくいかない状態から抜け出そうとするとき、自分の使う言葉を意識することはとても大切です。**

希望をつくろうとするとき、グチや悪口などのマイナスの言葉は足を引っ張る存在になるのです。グチや悪口を言うことは、自分の人生を悪い方向へ導いてしまうことになります。

「時間ができたらリラックスする」の間違い

「最近、疲れていて、先のことを思っても暗いことばかり考えてしまう」

こんなふうに感じているときは、**今やらなくてはならないことがあっても、そこから思い切って離れて、リラックスする時間をとりましょう。**

ある飲料メーカーで商品開発をしている男性は、

「一日中、頭を悩ませて、新しい商品のことを考えていても、いいアイディアが浮かぶとは限らない。**かえって、『なんでいいアイディアが思い浮かばないのだろう』と追いつめられて、希望が見えなくなってしまうことが多い。**

休み時間に外に出て、そこらをブラブラ散歩したり、仕事とは関係ない本を読みふけったり、サウナに行って汗を流したり、心身がリラックスできる時間を生活に取り入れてこそ、ここぞというときに集中力が発揮され、いいアイディアが思い浮かぶ」

というのです。

働く時間が長ければ長いほど、いい仕事ができるのかといえば、そういうわけではないのです。

このように、仕事中は一生懸命になって働く、休むときは仕事のことは忘れてしっかり休む、といったように、生活にメリハリをつけることが大切です、

いつも張りつめた気持ちでいれば、そのうちに神経がまいってしまうかもしれません。疲れているときは、イライラや落ち込みというマイナス感情が増えやすくなります。体力も落ちてきているので、体調が悪くなってしまうこともあります。

精神的にも肉体的にも疲れがたまっていくばかりなので、最後には「もう、どうでもいいや」とすべてのことが面倒くさく感じて、生きる希望をなくしてしまうのです。

それを防ぐには、日頃から意識してリラックスする時間を用意することです。

ポイントは、**時間ができたらリラックスするのではなく、時間がないときも時間をつくってリラックスすることです。**

ワクワクする趣味を持つ

消えそうな希望を取り戻すためには、心の中にプラスのエネルギーを呼び戻すことが必要になってきます。

その方法の一つとして、心からワクワクするような趣味を持って、気分転換することをおすすめします。

ある男性はカラオケで歌うことが趣味です。

職場で上司に怒られたり、同僚とケンカをしてしまったりして、自分に自信を失い、希望が持てなくなったときには、会社の帰りにカラオケボックスに一人で立ち寄り、心おきなく好きな歌を歌いまくるそうです。

二時間も歌っていれば、イヤな気分がすっかり消えてしまいます。失いかけていた希望も取り戻すことができ、「明日からまた頑張るぞ」とやる気が湧いてくるそうです。

ところで、**精神医学では、うつ病になりやすい人の特徴の一つに、「趣味がない」ということがいわれています。**

「趣味がないことが、どうしていけないのか」と不思議に思う人もいるかもしれません。しかし、ワクワクできるような趣味を持つことによって、心にたまったストレスを発散できるのです。

趣味に没頭する時間をつくることで、ひとときではあっても、頭の中をイヤな出来事から切り離すことができるのです。

この社会で生きていれば、希望を失いそうになることはたくさんあります。特に社会人になって、働くようになれば、やりたくないことでもイヤイヤしなければならない場面もあります。

そういうときに暗い気分から**早く立ち直ることができる人ほど、幸福に生きていけるのです。**

その意味でも、趣味を持つことは、とても大切だといえます。

何でも話せる友人とすごす

損得なしで付き合っていける友人が、いるでしょうか？

気分が落ち込んでいるとき、思うようにならずイライラしているとき、親しい友人に話を聞いてもらうのも、消えかけた希望を取り戻す方法の一つです。

ふだんから信頼し、仲良く付き合っている友人から、

「どうしたの？　元気出して。いつものあなたらしくないね」

と、優しい言葉をかけてもらえば、不思議と救われた気持ちになるものです。

「イヤなことがあって、立ち直れそうにないんだ」という弱音を、黙って聞いてくれるだけでも心強くなるものです。

グラグラしていた希望も、取り戻せそうな気がしてきます。

そして、友情が一層深まって、「この人と知り合えてよかったな。これからも、この人を大切にしよう」という気持ちにさせられます。

そういう意味でも、**いい友人を持つことはかけがえのないことであり、人生に希望を持って生きていくためには必要不可欠なことです。**

ある女性は、「トラブル続きで、もう会社なんて行きたくない」という気持ちになったときは、友人を誘って食事に行くのが、もっとも手軽で効果的な気分転換の方法だと言っています。

おいしいものを食べながら、友人とたっぷりと話した後は、気分もすっかり晴れて、イヤな思いもウソのようにどこかへ吹き飛んでしまうそうです。

ただ注意してほしいのが、友人に聞いてもらう話の内容が、グチや人の悪口ばかりにならないようにするということです。

いくら親しい間柄とはいえ、本当は誰でも**他人のグチなど聞きたくないものです。**

希望が消えそうなときほど、口からマイナスの言葉が出てきやすくなります。

だからこそ「親しき仲にも礼儀あり」の精神を忘れずに、友情を育《はぐく》みましょう。

自分にプレゼントを贈る

「プレゼント」というと、恋人や家族などの親しい人に贈るというイメージがあります。

しかし、心が疲れてしまったときには、自分自身にプレゼントを贈ってほしいと思います。

人は、どこかで「報《むく》われたい」という気持ちを持っています。

頑張ったときには頑張った分だけ、それに見合った「ごほうび」がほしいという気持ちがあるのです。

何の「ごほうび」もなしに、ただひたすら頑張る、ひたすら働く、身を粉にして動き回るのでは、肉体的にも精神的にも、疲労が積もっていくだけです。

そして、いつしか疲れ果てて「私の人生って、何なのかしら」と空《むな》しい気持ちに襲われても仕方ありません。

そういう状況におちいらないためにも、「私はよく頑張っている」と自分をほめるために、自分にプレゼントを贈ってあげてください。

商社に勤める男性は、仕事柄海外出張が多く、普段から多忙を極めています。なかなか休みが取れないため、疲れてくると「自分は何のために働いているんだろう？」とやりきれない気持ちになるといいます。

そんなときは、いつもより高価なワインを買ってきて、寝る前に飲むようにすると、「こんなに美味しいものを飲めるなんて幸せだ。いろいろ大変なことはあるけど、明日からまた頑張ろう」

と希望が湧いてくるそうです。

プレゼントは、その男性のように高価なものでなくてもいいのです。自分が心から気に入ったものを選びましょう。

女性なら、きれいな洋服やアクセサリー、バッグを買うのもいいでしょう。

心の中に希望を取り戻すためには、自分に思いっきり優しくすることも必要です。

気持ちを満たすために、自分自身に「ありがとう」とプレゼントを贈りましょう。

〝リセットできる場所〟を見つけておく

前向きな考え方を心がけていても、大きな失敗をしてしまったり、イヤな出来事に巻き込まれたりすると、希望が見えなくなってしまうことがあります。

そんなときは、「場所」のエネルギーに助けを借りてみましょう。

理由はわからないけど、

「なんとなく、この場所にいると心が落ち着くな」

「この場所に行くと、必ず帰りには元気になっている」

という場所がありませんか？

そういう場所は、プラスのエネルギーを与えてくれる場所といえます。

整体院を営んでいるという男性は、診断の予約がなかなか埋まらないときに、

「このまま患者さんが来なくなったらどうしよう。つぶれてしまうのではないか…」

と不安でいっぱいになるそうです。

そんなときは、自宅の近くにある植物園に足を運びます。

その植物園は、熱帯地方でしか育たないような珍しい植物がたくさんあります。

色とりどりの花に囲まれていると、心に熱いパワーがこみ上げてきて、

「患者さんが来ないことで、いちいち落ち込んでいたら、整体院なんて続けられない。予約が増えるようなアイディアを考えればいいんだ」

と仕事への意欲が湧いてくるといいます。


このように、**身近なところにお気に入りの場所があると、落ち込んだときにすぐにマイナスのエネルギーを取り除くことができる**ので、希望を失うのを防ぐことができます。

オープンカフェや美術館、ホテルのラウンジ、スパ、公園など、人それぞれ気に入る場所は違います。

食べ物でも体質に合うものと合わないものがあるように、**場所にも、人によって合う、合わないがあります。**

自分の感覚を頼りに、お気に入りの場所を常に持っておきましょう。

体から立て直すアプローチもある

コンピューター関連の企業に勤める男性は、会社でイヤなことがあったり、ミスを犯してしまったりすると、お酒を飲んで気を紛《まぎ》らわすクセがありました。

優秀な同僚と仕事の出来を比べては、

「どうせ俺なんて、役に立たない人間なんだ。出世なんて夢のまた夢だ」

と自分を責めて、会社の帰りに大量のお酒を買っては、夜中に飲むという生活です。

そんなことを続けているうちに、どんどん自分のことが嫌いになり、しまいには体調をくずして会社に行けなくなってしまいました。

どうやら彼は軽いうつ病にかかっていたようです。そして心療内科の先生から、こんなアドバイスをもらいました。

「体調がすぐれないときに、物事を考えると、どうしてもマイナス思考になってしまいま

す。なぜかというと、脳に疲労物質がたまっているからです。

疲労物質がたまった状態で未来のことを考えても、暗いことばかり想像してしまうのは、脳のしくみだと思ってください。

ですから、まずは、うつ病を治すことを考えるより、お酒を飲むのを控えるようにしましょう。そうすると、考え方も自然と上向きになるでしょう」

彼は勇気を出して、断酒を決意しました。

はじめのうちは、いつものクセで、暗いことを考えるたびにお酒に手が伸びそうになりましたが、グッと我慢しました。

それでも、どうしても我慢できそうにないときは、近所の公園を歩くことにしました。すると、**歩いている間は、お酒のことも暗いことも考えていない自分に気付きました。**

それからというもの、彼は考え事をするときは歩くようにしました。歩きながら考えると、「イヤなこともあるけど、なんとかなるさ」と楽観的になる自分を発見したからです。

体と心は密接に結びついています。希望を見失っているときは、**心を立て直すより、体を大切にした方が、回復が早いこともあるのです。**

週に一日、「情報を追いかけない日」をつくる

パソコンや携帯電話の普及は、生活を便利にしました。しかし、その一方で、これまでとは違う種類のストレスを背負うことも多くなりました。


ある大学生は、企業に就職せずに起業をすることを夢見ていました。

そのため、ありとあらゆるアイディアを日々考えていました。

「一人暮らしの学生のために低価格で食事ができるカフェをつくったらどうだろう？　そこで仲間ができるようなイベントをすれば、一人暮らしをしていても寂しい思いをせずにいられるだろう」

たとえば、こんなアイディアを思いついたら、パソコンを使って同じようなアイディアを出している人がいないかをチェックしてみます。

すると、たいていの場合、同じアイディアは誰かが行動に移しています。

それを知る度に、「すでに出ているアイディアを元に起業しても成功するはずがない。自分には才能がない」と彼は自信を失いました。

このストレスは現代特有のものです。

実際には、他の人と同じことをしても、成功する可能性は十分にあります。

ラーメン屋さんが全国各地にあるように、同じようなアイディアで会社を経営している人はいくらでもいるのです。

日本にはたくさんの人が住んでいます。そのため、アイディアが斬新でなくても、成り立つ会社も多いのです。

彼も、インターネットなど見ずに、自分のアイディアが一番と信じて起業すれば、たとえほかの人と同じことでも、成功する可能性は十分にあるのです。

多すぎる情報が、彼の希望を消しているのです。

情報に振り回されないためには、**一週間に一度でもいいので、パソコンや携帯電話を使わない日をつくるといいでしょう。**

情報をシャットアウトすることで、**マイナスの雑音を拾う機会が減り、本当に大切なことに集中できるようになるはずです。**

外見や環境を変える効果

女性が失恋したときに、長かった髪をバッサリと切って、ショートヘアにする光景を見たことがある人は多いと思います。

外見を変えるのは、案外勇気のいることです。

しかし、失恋という出来事をキッカケに、いざイメージチェンジをしてみると、

「落ち込んでいた気持ちが切り替わった」

「ショートヘアもなかなか似合う。新しい自分を発見できた」

というプラスの側面が見えて、希望を取り戻せる効果があるようです。

ヘアスタイルのように、**昨日までとは違う何かをすることは、心にプラスのエネルギーを増やす効果があります。**

小さなことでは、携帯電話の着信音を変えたり、部屋の模様替えをするということがあ

るでしょう。

新しいレストランを開拓してみたり、行ったことのない街に出かけてみるのもいいでしょう。

大きなことでは、海外旅行へ行ったり、引っ越しをするなど、思い切って自分のいる環境を変えることなども考えられます。

忙しい毎日の中では、**「昨日と同じことをする」日々が続いてしまいがちです。**慣れたことには確かに、リスクがないので、失敗はしないでしょう。しかし、そこにはワクワクやサプライズもありません。

面倒でも、新しいこと、今までと違うことを、意識して生活に取り入れると、いつもとは違う緊張感や達成感を感じることができて、心の中のプラスのエネルギーを増やすことができるのです。

そんな人は、表情も生き生きしています。

「このところちょっと煮詰《につ》まっているな」と思った時に、環境の変化を取り入れるといいでしょう。

“元気になれる曲”を用意しておく

本や映画、歌、絵画などの作品には、人の心を癒し、元気づける効果があります。

どうしても元気が出ないときのために、**「これに触れていると、どんどん元気になっていく」というアイテムを二、三個見つけておきましょう。**

「日本人アーティストの歌が大好き」という開業医の男性は、こんなことを言っています。

医者という職業柄、大事に診《み》ていた患者さんが亡くなる、症状が重くなって大きな病院に移る患者さんを見送る、という深刻な状況に出くわします。

そのような出来事は医者として、とてもつらいもので、

「医者として、自分の能力がもっと高かったら、患者さんを救うことができたのに」

と、希望を見失いそうになることもたくさんあるそうです。

しかし、そうはいっても落ち込んではいられません。

これからも医者として患者さんの様子を診ていかなくてはならないのです。

そんなときのために、この男性は、あらかじめ iPod に、そのとき自分が好きな歌を十曲くらいストックしています。

時間が空いたときに聴くと、「心が癒されて、また頑張れそうな気がする」ということです。

音楽には、作り手の思いが込められています。そして、繰り返し何度でも聴くことができます。そのため、相性のいい曲は、聴いているだけで自分の心を揺さぶり、元気をくれるパワーがあるのです。

どんなジャンルのものでもいいのです。自分が好きな曲なら、どんなものでも体の緊張をゆるめる効果があるという研究報告もあります。

自分に合うアイテムを選べば、飽きるどころか、作品に触れるたびにパワーをもらえて、心にプラスのエネルギーを増やしてくれるのです。

夜、きょう一日の〝よかったこと〟を数える

「希望をつくる」というと、そのために何か行動したり、必死に頑張ったりしなくてはならないというイメージを持つ人がいると思います。

確かに、そう考えることは間違ってはいません。

しかし、落ち込んでいるときや元気が足りないときに、希望をつくろうと躍起になり過ぎると、「こんなに努力しているのに、なかなか希望が持てない…」といったように、かえって気持ちが沈んでしまうことがあります。

そうならないためには、「希望」がはるか遠くにあるものではなく、**すぐ目の前にあるという事実に気付く**ことが重要です。

例えば、何も起こらなかったように見える一日の中にも、よく見ると幸せは満ちているものです。

改めて考えてみると、特に変わったことのない平凡な一日を過ごせたことだって、ラッ

キーなことです。

世界を見渡せば、その日、事故にあって命を落とした人もいれば、食べるものがなくてお腹をすかせている人もいるのです。

今日一日を振り返って、

「ああ、ケガもアクシデントもなく、無事に一日が終わってよかったな」

「おいしい夕食をいただけて、あたたかいお風呂に入れて幸せだな」

と口に出して言ってみましょう。

続けるうちに、自然とそれが感じられるようになると、その人の心には毎日、プラスのエネルギーが増えていきます。

また、小さな日常の中にも幸せがあるとわかれば、「明日も無事に過ごせますように」という希望も自然とわいてきます。

希望とは、「大金が欲しい」「好きな人に振り向いて欲しい」というような日常生活とかけ離れたものばかりではないのです。

楽しいことが起こらなくても、仕事でいい成果が得られなくても、明日への希望をつくることができるのです。

毎日、鏡の中の自分に微笑みかける

アランというフランスの哲学者が『幸福論』という本の中で、「不機嫌というものは、結果でもあるが、それに劣らず原因でもある」と述べています。

わかりやすくいうと、イヤなことがあったから不機嫌になるばかりでなく、**不機嫌でいることが原因で、イヤなことが起きてしまうこともある**、という意味といえるでしょう。

意外と知られていませんが、表情と感情は、つながっています。

試しに今、両方の口角をキュッと上げてみてください。

少し、楽しい気分になったでしょう。

口角には、心にプラスのエネルギーを増やすスイッチがあるからです。

幸せそうな人は、笑顔でいる時間が多いという特徴があります。

それは、**幸せだから笑っているのではなく、笑っているからいいことがやってくる**、ともいえるでしょう。

笑顔について、成功哲学のマーフィー博士はこんなことを言っています。

「笑顔には、人の心を明るく、柔和で好意的にさせてくれる偉大な力があります。常に笑顔を心がける人の未来は、ポジティブに飛躍するようになるのです」

本当は少し落ち込んでいるときでも、顔だけは笑顔でいることで、少しずつ本当の笑顔を取り戻すことができるということです。

あるOLの女性は、あるとき、「いいことがあってもなくても、できるだけいつも笑顔でいよう」と決めました。

すると、周りから声をかけられる機会が増えて、人づき合いが楽しくなりました。**笑顔には、他人を受け入れる力もあるのです。**

今日から、笑顔の力を活用しましょう。どうせ、**不機嫌な顔をしていて解決することなど、ひとつもないのです。**

まずは、毎朝、鏡の中の自分に向かって、笑顔であいさつする習慣から始めてみてください。

8章のまとめ

☆　一人になる時間を持つ。

☆　自分への厳しさが、希望を消すこともある。

☆　うまくいかないときこそ、口にする言葉を意識する。

☆　「余裕ができたらリラックスする時間をつくる」ではなく、忙しいときこそリラックスする用意をしておく。

☆　損得なしで付き合える友人を大切にする。

☆　自宅とオフィスの近くに、「マイナスのエネルギーをリセットできる場所」を見つけておく。場所にも、人によって合う・合わないがあるので、自分に合う場所を探そう。

☆　体調が悪いときは、脳に疲労物質がたまっているのでマイナス思考になりやすい。心を立て直すより、体から先に立て直す方が早いこともある。

☆　一日中、情報が追いかけてくる時代。多すぎる情報に囲まれると、マイナスの雑音まで拾ってしまう。定期的に「情報から離れる時間」をつくる。

☆　忙しい日常のなかで煮詰《につ》まってきたら、「昨日までと違う何か」をしてみると効果的。

☆　iPod に「元気になれる曲」を入れておく。

☆　平凡に思える一日にも、よく見ると幸せは満ちている。
夜、それを数えてみよう。

☆　不機嫌な顔をしているとイヤなことが起きる。
幸せだから笑うのではなく、笑うから幸せがやってくる。

この章で気づいた“希望の芽”

おわりに

ほとんどの悩みは、自分が成長すれば自然に解決していくものです。

成長するとは、憧れの人、理想の自分に近づくことです。

そのためには、目の前にあるもの、目の前にいる人のために、最善を尽くすしかありません。

最善を尽くすうちに、自分の長所や強みが見つかり、自分のいいところが見つかります。

そして、自分の長所を自覚できると、それをまた人のため、目の前のチャレンジのために役立てられるという好循環に入ることができます。

大切なのは、「ここから前に進もう」と決意し、最初の一歩を踏み出してみることです。

「別にやらなくても困らないし」

「今は、タイミングじゃない気がする」

「そもそも、時間的にムリ」

そんなふうに、今やらなくてもいい理由は、あとからあとから出てきます。

しかし、決めたことを先延ばしするほど、腰が重くなり、流れはノロノロと遅くなります。

逆に、**できることから少しでも始めていけば、最初は重かった気持ちもフットワークもだんだんと軽くなり、いい流れに乗っていくことができるのです。**

自転車のペダルも、漕《こ》ぎ始めが一番重いのです。

長い間暗いトンネルの中にいた人が、希望に向かって歩き出そうとするとき、恐れや疲れが出やすくなります。

それに負けず、**一歩を踏み出し、心をプラスのエネルギーで増やしていこうと決めた人から、未来が明るく変わってきます。**

未来はまだ決まっていません。今、ここから始まります。

希望は消えていません。

あなたの心の中にある、小さな希望のタネに水をあげるのは、あなたなのです。

本書は青春新書プレイブックスのために書き下ろされたものである

人生の活動源として

いま要求される新しい気運は、最も現実的な生々しい時代に吐息する大衆の活力と活動源である。

文明はすべてを合理化し、自主的精神はますます衰退に瀕し、自由は奪われようとしている今日、プレイブックスに課せられた役割と必要は広く新鮮な願いとなろう。

いわゆる知識人にもとめる書物は数多く窺うまでもない。

本刊行は、在来の観念類型を打破し、謂わば現代生活の機能に即する潤滑油として、逞しい生命を吹込もうとするものである。

われわれの現状は、埃りと騒音に紛れ、雑踏に苛まれ、あくせく追われる仕事に、日々の不安は健全な精神生活を妨げる圧迫感となり、まさに現実はストレス症状を呈している。

プレイブックスは、それらすべてのうっ積を吹きとばし、自由闊達な活動力を培養し、勇気と自信を生みだす最も楽しいシリーズたらんことを、われわれは鋭意貫かんとするものである。

―創始者のことば― 小澤和一

著者紹介
植西　聰〈うえにし　あきら〉
産業カウンセラー、著述家。学習院高等科、同大学卒業後、資生堂に在職。独立後、「心理学」「東洋思想」「ニューソート」などに基づいた人生論の研究に従事。1986年、研究成果を体系化した『成心学』理論を確立し、著述活動を開始する。1995年「産業カウンセラー」(労働大臣認定資格)、2003年、僧位(知客職)を取得。
著書に、ベストセラー『「折れない心」をつくるたった1つの習慣』、『「切れない絆」をつくるたった1つの習慣』(いずれも青春新書プレイブックス)などがある。

「希望《きぼう》を信《しん》じる力《ちから》」をつくる
たった1つの習慣《ひとしゅうかん》

青春新書 PLAYBOOKS

2012年5月5日　第1刷
2012年5月25日　第2刷

著者　植《うえ》西《にし》　聰《あきら》

発行者　小澤源太郎

責任編集　株式会社プライム涌光
電話　編集部　03(3203)2850

発行所　東京都新宿区若松町12番1号 〒162-0056　株式会社青春出版社
電話　営業部　03(3207)1916　振替番号　00190-7-98602

印刷・中央精版印刷　製本・フォーネット社

ISBN978-4-413-01948-4